M. Schön

Heather H. Ewald

Mein Vater, Ernie Klassen

Ein außergewöhnlicher Evangelist unserer Zeit

JOHANNIS LAHR

ISBN 3 501 00317 X

TELOS-Bücher
TELOS-Taschenbuch 459
2. Auflage 1993

Übersetzung aus dem Englischen:
Rosemarie Uschold und Jutta Suthau
Gesamtherstellung:
St.-Johannis-Druckerei, 77922 Lahr
Printed in Germany 11524/1993

Inhalt

Aussagen der Bibelschullehrer von Ernie Klassen:

»Von Anfang an, als Ernest Klassen als ein Farmerjunge aus Süd-Saskatchewan in dies Institut kam, habe ich mit tiefem Interesse seinen Dienst verfolgt: sein Wirken beim Gewinnen von Seelen, seinen Lehrdienst und seinen weltweiten Dienst an Missionaren. Sein Leben ist vielseitig und fruchtbar.«

Reverend Herbert W. Peeler,
Präsident des Millar Memorial Bibel-Instituts
in Pambrun, Saskatchewan

»Ich kenne Ernie Klassen seit mehr als 45 Jahren und war stets tief beeindruckt von seiner echten Liebe für Jesus Christus, seiner gesunden Kenntnis des Wortes Gottes und seinem einzigartigen Dienst der Verkündigung für die Verlorenen. Das alles kennzeichnet ihn als einen wahren Gottesmann.«

Reverend Kenneth M. Robins,
Präsident des New Brunswick-Bibel-Instituts
in New Brunswick, Kanada

Vorwort

Als erstes möchte ich meinem Vater dafür danken, daß er sich die Zeit genommen hat, sich mit mir – einer Anfänger-Autorin – hinzusetzen, um meine Kreuzverhöre zu beantworten, bis er mich gewöhnlich daran erinnerte, daß wir dieses Thema bereits erschöpfend behandelt hatten. Dank auch an Mutter, die Vater die Freiheit gab, seinen mit Evangelisieren und Reisen gefüllten Terminkalender beizubehalten.

Mein Mann übersah freundlicherweise den vernachlässigten Haushalt und bereitete sogar gelegentlich eine Mahlzeit zu, um dieses Unternehmen zu unterstützen. Dank auch an Carol Klobucher und Tennessee Bergsten, die ihre konstruktive Kritik einbrachten.

Nicht zuletzt danke ich all den Freunden, die ihre Erinnerungen an Ernie beisteuerten.

Die Lebensgeschichte meines Vaters Stück für Stück zusammenzusetzen war eine schöne Aufgabe. Meine ganze Kindheit hindurch erzählte er Begebenheiten aus seiner eigenen Kindheit (was als Unterweisung, Korrektur oder Tadel gedacht war). Jetzt weiß ich, wie das alles zusammengehört!

Aber ich möchte Ihnen nicht nur von ihm erzählen, sondern wünsche mir, daß auch Sie in Ihrem Leben wie mein Vater Zeugnis geben von der unendlichen Liebe Gottes in Jesus Christus. Hoffentlich wird dieses Buch Sie dazu ermutigen und Ihnen neue Ideen vermitteln, wie Sie die gewinnen können, die noch ohne Christus leben.

Einführung

Ernie bremste und hielt an, als der österreichische Zollbeamte auf seinen Wagen zuging. Der Beamte sah seinen Paß und rief aus: »Sie sind Kanadier – dann sind Sie bestimmt auch sehr reich!«

»Ja«, erwiderte Ernie, »sehen Sie diese Felder mit den Rinderherden?«, und zeigte in die eine Richtung, »sie gehören meinem Vater.« Dann zeigte er in eine andere Richtung: »Auch diese Berge, so weit Sie sehen können, gehören ihm, und ich bin sein Erbe.«

Der Posten wurde neugierig, und Ernie erklärte ihm, daß Gott sein Vater ist und daß die Familie Gottes für jeden offen ist, der sich ihr anschließen will.

Während er weiterfuhr, schmunzelte Ernie in sich hinein. Nein, er war in keine »reiche« kanadische Familie hineingeboren worden!

Kindheit auf einer kanadischen Farm

Dem großen Krieg (1914–1918) folgte eine verheerende weltweite Katastrophe auf den Fersen: Eine Grippe-Epidemie forderte 15 Millionen Menschenleben – mehr als der vierjährige Krieg! In dieser dunklen Zeit wurde »A. R. D.« (unter diesem Kürzel war sein Vater Abraham Klassen, weil es zu viele Abraham Klassen gab, bekannt) und Margaret Klassen aus Beaver Flats, Saskatchewan, Kanada, ein sechstes Kind geboren. Im Einklang mit seinem mennonitischen Hintergrund bekam er, da die Zeiten sehr ernst waren, den deutschen Namen »Ernst« oder »Ernest«.

In seinem ersten Lebensjahr bekam er die Grippe. Seine älteste Schwester Elsie erinnert sich noch an die Nacht, in der sich ein Nasenbluten einstellte, das nicht mehr aufhören wollte. In dem schwach beleuchteten Zimmer fingen sie mit einer Schüssel den Blutfluß auf, und A. R. D. meinte, er glaube nicht, daß das Kind die Nacht überleben würde. Diese Nacht war jedoch der Wendepunkt, und Ernest erholte sich.

Die Klassens waren arm, obwohl sie es damals nicht wußten. Sie lebten in einem kleinen Holzhaus, das sie errichtet hatten, nachdem ihre erste Hütte abgebrannt war. Im Erdgeschoß befanden sich die Küche, das Wohnzimmer und ein kleines Schlafzimmer für die Eltern. Im ersten Stock gab es zwei ungeheizte Schlafzimmer – eines für die Mädchen und eines für die Jungen. Ernests Ankunft vervollständigte das erste halbe Dutzend Kinder in der Familie. Betten waren rar, und es gab Jahre, in denen zwei oder drei Kinder nebeneinander schliefen, während ein weiteres quer über dem Fußende des Bettes lag. Obwohl im Winter die Fenster innen vereisten, waren die Betten doch warm, dank Mutters gesteppten und gepolsterten Wolldecken.

Zum Anziehen brauchte man nie sehr lange! Mit einem Satz war man in den Hosen, und das Hemd konnte man auf dem Weg nach unten zuknöpfen. Die Schuhe wurden neben dem Holzofen gewärmt. Mutter strickte allen Strümpfe, Schals und Fäustlinge aus selbstgefertigter Wolle.

Das Frühstück bestand immer aus gekochten Weizenflocken mit Milch und hausgemachtem Kaffee, der ebenfalls aus Weizen hergestellt wurde. Aber vor dem Frühstück wollte der Vater alle Kinder am Tisch sitzen haben, damit er ihnen aus der Bibel vorlesen konnte. Dann standen sie auf zum Gebet. Später wurde dieser Brauch gelockert, und sie beteten auf den Knien oder im Sitzen. Jedes Kind hatte einen bestimmten Platz am Tisch, gewöhnlich auf einer Bank ohne Lehne – auf diese Weise konnte man leicht entdecken, wer sich verspätet hatte.

In der Familie war jeder vom anderen abhängig, um zu überleben, was zu einer gewissen Nähe führte, obwohl man Zuneigung nie offen zeigte. Mit sieben Schwestern auszukommen war ein ziemliches Kunststück! Ernest liebte es, wenn der Vater den Kindern entweder die Fortsetzungsgeschichten aus der Zeitung, oder ein gutes klassisches Buch vorlas.

Geschenke wurden nur selten ausgetauscht, aber einmal gab es an Weihnachten ein bißchen extra Taschengeld, und Mutter gab eine Woche lang jedem der Kinder täglich eine Handvoll Erdnüsse. Am Weihnachtstag wurden die Geschenke auf ihren Platz auf dem Tisch gelegt, da Mennoniten keinen Weihnachtsbaum haben durften. Ernest bekam einmal ein Spielzeug-Bastel-Set für 75 Cents. Das war ein denkwürdiges Weihnachtsfest!

Die Klassens mußten nie hungern, obschon die Kost

einfach war. Der Vater sorgte für viel Fleisch, und Mutters Garten trug reichlich Kartoffeln und Gemüse. Gartenarbeit war keine Lieblingsbeschäftigung der Familie, aber der Garten mußte gewissenhaft gepflegt werden, weil sie davon abhängig waren. Ernest war dafür verantwortlich, den einspännigen Kultivator durch die Furchen zu fahren und darauf zu achten, nur das Unkraut zu vernichten. Eier wurden eingelegt, um sie für den Winter zu konservieren. Ein Faß Kohl wurde zu Sauerkraut gestampft. Selbstversorgung war eine notwendige Sache, und schon sehr früh wurden Ernest und seine eineinhalb Jahre ältere Schwester Linda zu einem Arbeitsteam zusammengestellt. Sie trugen Holz und Kohle ins Haus und die Asche hinaus. Bald fütterten sie auch die Schweine, Pferde und das Rind und hackten Holz.

Ein Nachbarjunge erinnert sich, wie die Mutter einmal nach Ernest rief und ihm auftrug, die kleinen Küken für die Nacht hineinzubringen. Aber Ernest, der mit den älteren Jungen in der Scheune beschäftigt war, bemerkte nur: »Damit werde ich mich nicht abgeben.«

Kurz danach jedoch, als Mutter erschien, half er ihr bereitwillig bei dieser Arbeit! Mit Mutter konnte man keine Faxen machen. Sie regierte das Heim sehr bestimmt und lebte uns vor, was es heißt, hart zu arbeiten. Die ganze Familie drehte sich um sie, und sie sorgte dafür, daß alles reibungslos funktionierte.

Margaret war 19, als sie 1908 »A. R. D.« heiratete. Beide waren in Manitoba, Kanada, geboren, aber in den frühen Jahren des Jahrhunderts verbreitete sich die Kunde, daß man nur »ein Stück« weiter westlich gutes und billiges Land haben konnte. So erwarb A. R. D. im Jahre 1906 ca. 150 Hektar Land als Heimstätte in Beaver Flats, Saskatchewan. Nachdem er zwei Jahre lang den Boden bearbeitet hatte, kehrte er im Winter 1908 zurück, um Margaret Braun als seine Braut zu holen. Sie heirateten am 8. Dezember, und seine Hütte mit ihrem Sandboden und dem undichten Dach wurde ihr Flitterwochen-Häuschen.

Im ersten Jahr gab es dreimal eine Katastrophe. Ihre kleine Hütte und alles, was sie hatten, wurde bei einem Prärie-Feuer zerstört. Dann kam ein Erdbeben, das so stark war, daß es die Hühner von ihrer Stange schüttelte. Als letztes hinterließen heftige Regenfälle so viel Wasser im Haus, daß sie auf ihrer Bettkante saßen und ihre Füße darin wuschen, bevor sie sich zu Ruhe begaben. Margaret jedoch hatte einen wahren Pioniergeist, und Schwierigkeiten waren für sie niemals ein Grund aufzugeben.

Obwohl beide in der Mennonitischen Brüderversammlung aufgewachsen waren, hatte keiner Interesse an der Kirche. Sie liebten Partys, und A. R. D. war ein beliebter Volkstanz-Leiter. Eines Sonntagabends im Jahre 1913 wurden sie eingeladen, evangelistische Gottesdienste in der nahen »Turnhill Mennonite Brethren Church« zu besuchen. Beide kamen zum Glauben, und Margaret berichtete später, daß sie ab diesem Zeitpunkt ein anderes Leben führten. Die drei Kinder, die damals schon geboren waren, waren noch zu klein, um sich daran zu erinnern, wie das Leben vor diesem Ereignis aussah.

Für das Heim der Klassens mit all ihren Kindern waren Fröhlichkeit und Singen kennzeichnend. Jeder war willkommen, und das Haus war immer ganz voll, wenn es irgendwie einen Anlaß zur Geselligkeit gab. Die Zeit nach dem Gottesdienst am Sonntag war für gemeinsame Erlebnisse reserviert. Abendgottesdienste wurden nur im Sommer gehalten, so verbrachte man die Sonntage im Winter oft mit Schlittschuhlaufen oder Hockeyspielen. Leider besaßen nur die Jungens Schlittschuhe – für die

Mädchen konnte man sich keine leisten. Sie waren zum Zuschauen und Anfeuern bestimmt, außer wenn jemand seine Schlittschuhe für eine kleine Runde auslieh.

In anderen Jahreszeiten spielte man Baseball, bei dem alle mitmachen konnten. Der Sonntag war auch ein idealer Tag, um mit dem einspännigen Schlitten oder leichten Wagen Besuche zu machen. Drei konnten sich zusammen hineinzwängen, das machte großen Spaß.

Pferde waren das Transportmittel auf den Straßen, die damals mit Kies bestreut waren. Die meisten Pferde hielt man als Arbeitspferde, aber eines, Pat, gehörte mit zur Familie. Es war gescheit und liebte es, zu laufen. Wenn Ernest auf die Weide hinausging, um Pat einzufangen, ließ dieser sich fangen und besteigen. Saß der Reiter aber erst einmal ohne Sattel auf ihm, dann galoppierte er davon. Ernest entdeckte eine besondere Methode, Pat ohne Zügel zum Stehen zu bringen. Er lehnte sich so lange auf eine Seite, bis das Pferd anhielt.

Ernest war darauf erpicht, melken zu lernen. Ein älterer und klügerer Nachbarjunge nahm ihn aber beiseite und warnte ihn, es nicht eher zu lernen, als er mußte. Andernfalls würde er es immer tun müssen, so wie es ihm auch passiert war! Aber schon früh bekamen Ernest und Linda die Verantwortung dafür übertragen, morgens und abends zu melken – jeder zwei Kühe. Mutter Klassen legte auch Wert darauf, wie sie den Eimer hielten. Es war unhygienisch, ihn auf den schmutzigen Stallboden zu stellen, deshalb mußten sie ihn zwischen den Beinen halten.

Die Milch durch ein Tuch zu sieben, war auch nicht sehr hygienisch, aber eben die einzige Methode, die sie kannten. Als nächstes mußte die Sahne von der Milch getrennt werden, wofür man eine komplizierte Maschine mit vielen Scheiben benutzte. Wenn man eine Kurbel in der genau richtigen Geschwindigkeit drehte, kam an einer Stelle Milch und an der anderen Sahne heraus. Linda und Ernest kurbelten abwechselnd, und jeder zählte bis 100, bevor sie tauschten.

Im Alter von sieben Jahren wurden die Kinder zur Schule geschickt, die eine Dreiviertelmeile entfernt lag. Sie gingen zu Fuß, und auf dem Weg froren sie manchmal sehr. Obwohl eine Stunde vor dem Unterricht ein Feuer angezündet wurde, war es oft so kalt, daß die Schüler Gymnastik zum Aufwärmen machen mußten, bevor sie sich an ihre Arbeit setzen konnten. Ein Ofen heizte den ganzen Raum, aber im kältesten Winter dauerte es bis Mittag, bis sie die Wärme fühlten. Haken für die Mäntel an der hinteren Wand und eine Tafel vervollständigten die Einrichtung der Schule. Die Sitzplätze wurden vom Lehrer je nach Betragen zugewiesen, die Unruhigsten mußten ganz vorne sitzen. Ernest gelang es, irgendwo in der Mitte zu sitzen. Der Lehrer zögerte nicht, die Handflächen seiner Schüler – wenn nötig – mit einem Riemen oder Lineal zu bearbeiten. Wenn man zu spät kam oder log, konnte man sicher sein, diese handfesten Erziehungsmaßnahmen zu spüren zu bekommen.

Der Unterricht begann mit Gebet. Danach war es im Schulhaus, das aus nur einem Raum bestand, nie sehr ruhig. Sobald der Lehrer damit fertig war, eine Klasse zu unterrichten, pflegte er mit der nächsten weiterzumachen. Diese Lehrmethode hatte zwei »Vorteile«. Jede Klasse hörte den gleichen Stoff acht oder neun Jahre hintereinander. Außerdem mußten die Schüler lernen, sich trotz einer ständigen Geräuschkulisse zu konzentrieren. Ernest konnte später aus diesen Erfahrungen Nutzen ziehen. Die Schularbeiten stellten für ihn nie ein Problem dar, und er tat sich in Rechtschreiben und Mathematik hervor. Alle Mennoniten-Kinder sprachen zu Hause plattdeutsch und in der Kirche hochdeutsch. Englisch lernten sie, wenn sie in die Schule kamen.

Es gab eine britische Familie in der Gegend, mit zwei Jungen im Schulalter. Da die Mennoniten auf die Engländer herabsahen, weil sie sie als zweitklassige Farmer betrachteten, wurden die zwei britischen Jungen nicht gut aufgenommen. Sie taten Ernest leid, und er machte sie zu seinen Freunden. Bei Streitereien stellte er sich auf ihre Seite, was ihn einiges an Beliebtheit kostete.

Um die Schule war einmal eine ca. 70 cm hohe Mauer aus Zement gezogen worden, und den Zwischenraum – ca. 70 cm breit – hatte man mit Erde aufgefüllt, wahrscheinlich zum Zwecke zusätzlicher Isolation. Eine beliebte Pausen-Beschäftigung der kleineren Kinder bestand darin, auf diesem Erdwall um die Schule zu rennen. Eines Tages rutschte Ernest aus und schlug sein Knie an einer Mauerecke an. Am Abend brachten ihn seine Eltern zu einem Arzt. Er diagnostizierte eine gebrochene Kniescheibe und verschrieb »Zeit« als einziges Heilmittel. So humpelte ein steifbeiniger Ernest herum, bis die Zeit ihre Aufgabe erfüllt hatte, und auch diesmal trug er keinen bleibenden Schaden davon.

Das Lunch, das zu Hause von den älteren Schwestern gepackt wurde, war einfach zu richten – es bestand aus ein paar Scheiben vom hausgemachten Brot. Manchmal waren sie mit braunem Schmalz oder Butter bestrichen – das galt als ein seltener Leckerbissen. Als Getränk gab es Weizenkaffee, der auch von zu Hause mitgebracht wurde.

Die letzte Stunde an jedem Freitag war der Musik vorbehalten. Dazu brachten alle ihre Instrumente mit: Gitarren, Mandolinen, Geigen und Ukulelen, und man sang miteinander. Manchmal entdeckte der Lehrer einige gute Stimmen und stellte eine Gruppe zusammen, die dann für das nächste Schulprogramm übte. Da die Musik ein wichtiger Bestandteil mennonitischer Kultur war, konnten die Kinder gut mehrstimmig singen. Noten hatten sie keine.

Auch zu Hause wurde die Musik gefördert. Die Familie Klassen besaß eine alte Tretorgel, Bruder Ed hatte eine Geige, und es gab eine Gitarre, mit der man Cowboy-Lieder begleiten konnte. Wenn die Kinder von der Schule heimkamen, pflegten sie in die Küche zu stürmen, um nach Mutter zu sehen. Gewöhnlich fanden sie diese singend bei der Arbeit, und das bedeutete, daß die Welt in Ordnung war.

Das Jahr 1928 brachte mehrere Veränderungen in der Familie. Katie, die Viertälteste, heiratete als erste. Es war ein großes Ereignis, und der Vater schlachtete ein Rind. In diesem Jahr gab es auch eine Rekordernte. Sie war so gut, daß die Eltern zum erstenmal das Gefühl hatten, sie könnten etwas Geld ausgeben. Sie bauten ein neues Haus – genauer gesagt, sie vergrößerten das alte. Ernest, damals zehn Jahre alt, half den Boden auszuheben, indem er ein Pferdegespann fuhr, das ein Schabeisen zog. Das Fundament und die Fußböden des neuen Hauses waren aus Zement. Im Erdgeschoß wurde ein Besuchszimmer angebaut und im ersten Stock drei weitere Schlafzimmer. Den größten Fortschritt – der viel Zeit und Arbeit sparte – stellte ein Wasserspeicher im Keller dar, von dem man Wasser direkt ins Haus pumpen konnte. Im Frühling wurde er aus Tümpeln von frisch geschmolzenem Schnee gespeist, und im Herbst holte man das Wasser aus einem nahegelegenen Stausee herauf.

Das Haus war spärlich eingerichtet: Ein Ofen, ein Tisch und Bänke in der Küche, eine alte Couch und mehrere Stühle im Wohnzimmer und oben einige wenige

Betten. Die »gute Stube« wurde natürlich nur benutzt, wenn der Pastor oder irgendein anderer besonderer Gast zu Besuch kam.

Der Gottesdienstbesuch war ein wichtiger Punkt im Leben der Klassens. An Wintersonntagen war es jedoch recht schwierig, die Jungens zum Aufstehen zu bewegen, deshalb kaufte der Vater absichtlich kein Thermometer. Wenn sie auch noch gewußt hätten, wie kalt es war, hätte er es noch schwerer mit ihnen gehabt. Das einzige Problem war, daß alle anderen in der Gemeinde ein Thermometer besaßen, so daß die Klassens gelegentlich die einzigen waren, die in der Kirche erschienen! Gewöhnlich bewegten sich die Temperaturen nämlich recht weit unter Null. Margaret blieb auch dann nicht zu Hause, wenn sie gerade ein Baby bekommen hatte. Wenn sie am Anfang der Woche entband, war sie am Sonntag schon wieder in der Kirche. Nur ein Wochenend-Baby hielt sie vom Gottesdienst ab.

Für die Sonntagsschulstunde wurde das Kirchengebäude in mehrere »Klassenzimmer« unterteilt, indem man einige Vorhänge zog, die an kreuz und quer gespannten Drähten aufgehängt waren. Die Lehrer verwendeten für alle Altersstufen das gleiche Buch mit biblischen Geschichten, und wenn sie damit fertig waren, begannen sie einfach wieder von vorn! Einmal hörte man den ältesten Bruder Ed bemerken, wenn der Lehrer ihm beibrächte, wie man Kaninchen schießt, hätte er mehr Interesse am Unterricht.

Ernest machte es nie etwas aus, zur Sonntagsschule zu gehen, aber die knielangen Hosen und langen schwarzen Strümpfe, die kleine Jungen tragen mußten, konnte er ganz und gar nicht ausstehen. Es war ein großer Tag für ihn, als man ihn für alt genug hielt, lange Hosen anzuziehen!

Nach dem Gottesdienst hatten sie immer Gäste zum Mittagessen im Haus, und wer auch immer kam, half die Kartoffeln zu pellen und in Scheiben zu schneiden, die am Tag zuvor mit der Schale gekocht worden waren. Zwei große Bratpfannen wurden damit gefüllt, und zu den Kartoffeln wurde gekochtes Fleisch gereicht. Das Sonntagsessen wurde immer schon am Samstag vorbereitet, damit man am Sonntag nur ein Minimum an Arbeitsaufwand hatte. Eine mennonitische Spezialität – getrocknete Früchte in einer Art Milchsuppe – rundete das Mahl ab. Samstags pflegte Mutter Korinthenbrötchen zu backen. Sie sollten ein Sonntags-Leckerbissen sein und wurden zur Mahlzeit gereicht. Aber wenn möglich, versuchten die Kinder, einige davon am Samstagabend zu stibitzen. Eines der besten »Betthupferl« (das Mutter mißbilligte) war ein mit Sauerrahm bestrichenes Korinthenbrötchen.

Die Farm machte das ganze Jahr hindurch Arbeit. Im Frühling mußte man das Vieh auf eine Gemeinschaftsweide bringen, wo es den Sommer über grasen konnte. Gewöhnlich arbeiteten mehrere Farmer mit fünf oder sechs Cowboys zusammen, die die rund 200 Stück Vieh trieben. Das gefährlichste Stück der Reise war das Überqueren des Saskatchewan River. Wenn man ihn durchwaten konnte, gab es keine Probleme, aber bei Hochwasser war es schwieriger. Als junger Bursche machte Ernest seine erste Erfahrung im Reiten eines schwimmenden Pferdes. Ernest kippte mit Pat im Wasser fast um und fiel beinahe herunter, aber da er nicht schwimmen konnte, gab die Angst ihm Kraft, sich festzuhalten.

Eine übliche Arbeit für Schuljungen war die Sommerbrache. Klassens bearbeiteten ihr Land in einem dreijährigen Rhythmus: Sie säten ein Jahr Hafer, das nächste

Jahr Weizen, und im dritten ließen sie das Land ruhen. Sommerbrache bedeutete, dieses leere Feld regelmäßig zu pflügen, um jedes Wachstum zu verhindern und die schwarze Erde an der Oberfläche zu halten. Zu dieser Arbeit gehörte es auch, den Pflug zum ortsansässigen Schmied zu bringen, der ihn schärfte, indem er die Klinge bis zum Glühen erhitzte und die Schneide dünner hämmerte. Das Pflügen mit einem Gespann von acht Pferden und die wöchentlichen Fahrten zum Schmied hielten Ernest viele Sommer lang auf Trab.

Den Jungen gelang es, Zeit für einen Sport zu finden, der ein wenig Taschengeld einbrachte. Ed besaß ein Gewehr, das sie zur Wiesel- und Kaninchenjagd benützten. Ihre Anstrengungen wurden gebührend belohnt, denn für die Felle bekamen sie einen halben bis einen ganzen Dollar. Aber Ernest mochte auch abenteuerlicheres Wild: Einige Male schoß er ein Stinktier und häutete es. Die Familie glaubte nicht, daß es das Geld wert sei, und so bekam er nach solchen Expeditionen zu Hause einen kühlen Empfang!

Das Baden war im Sommer viel einfacher als im Winter. Während für das Winterbad alle zwei Wochen Wasser heraufgeholt und erhitzt werden mußte, um damit die kleine runde Metallbadewanne zu füllen, konnte man im Sommer ein kurzes Bad im Flüßchen nehmen. Ein zusätzlicher Vorteil war natürlich, daß man nicht warten mußte, bis man an der Reihe war oder das Wasser als fünfter benützen mußte.

Das größte Ereignis des Jahres war die Ernte, sie war der jährliche Zahltag des Farmers. Schüler, die zu Hause gebraucht wurden, wurden so lange wie nötig von der Schule befreit. Ein von Pferden gezogener Garbenbinder schnitt und band das Getreide in Garben. Als nächstes wurden sechs oder sieben Garben zusammengestellt, damit sie trocknen konnten. Dann kam die Dreschmaschine. Sechs Heuraufen beförderten die Garben zum Drescher, um ihn ständig ihn Betrieb zu halten, und zwei Wagen transportierten das Korn zur Getreidescheune. Das Stroh, das vom gedroschenen Korn übrigblieb, wurde auf das Feld geblasen. Später holte man es je nach Bedarf als Streu oder Futter ein. Da Ernest groß und stark war, half er schon mit elf Jahren, 20 Pfund schwere Garben auf die Heuraufen zu laden. Mit zwölf Jahren fuhr er stolz ganz allein einen Heuwagen.

Ein Teil des Getreides wurde sofort in die Stadt gebracht, wo es zu Mehl gemahlen wurde – ein wichtiges Grundnahrungsmittel der Familie. Einmal verbrauchte Mutter in einer Woche hundert Pfund Mehl zum Brotbacken und Nudelnmachen. Mit einem weiteren Teil des Getreides wurde das Dreschen und das Mahlen bezahlt. Es konnte auch gegen eine Ladung Kohlen oder andere Gebrauchsgegenstände getauscht werden.

Ein weiteres großes Ereignis im Herbst war das Schlachten. Die Familie Klassen schlachtete gewöhnlich sechs Schweine und ein oder zwei Kühe. Mehrere Nachbarn wurden zum Helfen eingeladen, da jedes Schwein 250 bis 300 Pfund wog und man kräftige Arme brauchte, um die Arbeit in einem Tag fertigzubringen. Ernest hatte nach dem Schlachten die Aufgabe, den Schinken zu räuchern. Der hölzerne Schornstein hatte innen Haken, an denen das Fleisch aufgehängt wurde. Jeden Tag wurde darunter ein Strohfeuer angezündet und gerade so am Glühen gehalten. Wenn Flammen entstanden, mußte Ernest sie begießen. Dies bedeutete, daß er aus der nächsten Flußbucht Wasser holen mußte. Zwei oder drei Tage nahm diese Arbeit in Anspruch. Zu besseren Zeiten benützte man Holz, das besseren Rauch erzeugte. Das Rindfleisch wurde geschnitten, eingewickelt und aufbewahrt, um es beim ersten starken Frost einzufrieren. Man hielt es gefroren, indem man es in der Getreidescheune eingrub.

Im Herbst mußten auch die Kühe heimgebracht und für den Winter mit Streu versorgt werden. Gleichzeitig brachte man die meisten Pferde zur Gemeinschaftsweide, wo sie den Winter über blieben.

Nach der achten Klasse verließ Ernest die Schule. Während des ersten Jahres, in dem er zu Hause war, hatte er die Aufgabe, jeden Morgen das Feuer im Schulhaus anzuzünden. Oft verleitete er dann Pat zu einem Vergnügungsritt nach Hause. Er band ein Seil an den Sattelknauf und ließ sich auf selbstgemachten Skiern ziehen.

Alle paar Tage mußte er eine Ladung Stroh vom Feld hereinbringen und im Kuhstall verteilen. Die Mischung aus Mist und Stroh, von den Hufen festgetrampelt und getrocknet, gab für jene mageren Jahre billiges Brennmaterial ab. In besseren Jahren wurden Getreidefuhren in die Stadt gebracht und gegen Kohle eingetauscht.

Pferdegeschirr und Sattelzeug mußten immer wieder repariert werden. Das tat Ernest gern, denn er konnte bei dieser Arbeit in der Nähe des Küchenofens bleiben. Mutters fußbetriebene Nähmaschine wurde so ziemlich mit jeder Art von Material fertig, und er besserte damit die Ledersachen aus. An manchen langen Winterabenden erprobte Ernest sein Geschick beim Wollspinnen. Die Feinspinnmaschine bot einige Abwechslung. Aber seine Wolle war nicht viel wert – sie war zu unregelmäßig gesponnen.

Sogar im Winter konnte man Sport treiben – besonders an den Sonntagnachmittagen. Als junger Erwachsener hatte Ernest beim Schlittschuhlaufen ein Erlebnis, das er nie mehr vergaß. Für diesen Abend war bei Klassens eine

Party geplant, und viele der Gäste kamen früher, um Schlittschuh zu laufen. Einer von Ernests Schlittschuhstiefeln hatte vorne ein Loch. Seine Socken waren sehr dünn, und es dauerte nicht lange, bis sich seine Füße eiskalt anfühlten. Aber sein Stolz erlaubte ihm nicht, davon zu reden. Man konnte ohnedies keine Abhilfe schaffen, denn niemand hatte zusätzliche Kleidung oder Schuhwerk dabei. Als Ernest dann seine Schlittschuhstiefel auszog, waren seine Füße gefroren. Sein Schwager erinnert sich, daß er, um diese Situation zu dramatisieren, mit einem Stock auf die Füße schlug – knallhart gefroren! Wenn auch Mutter noch so mitfühlend war – hier gab es keine schnelle Abhilfe. Ernest hatte den ganzen Abend seine Füße in einem Eimer mit Kerosin (Petroleum, Lampenöl). Es schmerzte schrecklich, während die Party im Raum nebenan stattfand. Jedoch seine Füße erholten sich, und es gab keinen bleibenden Schaden.

Ernest wurde nun als erwachsen betrachtet und leistete das Tagewerk eines Erwachsenen. Aber solange er zu Hause wohnte, lebte er unter dem Kommando von A. R. D. und war vor körperlichen Züchtigungen nicht sicher. Es war an einem Sonntag. Weil die große Familie nicht in dem Ford Modell T 1928 Platz fand, wurde überlegt, wie sie alle in die dreieinhalb Meilen entfernte Kirche gelangen könnten. Die Hälfte der Familie sollte zu Fuß losmarschieren. Zur rechten Zeit würden dann die andern losfahren, um die erste Gruppe einzuholen. Dann würden sie Plätze tauschen – die Fußgänger dürften nun fahren, und die andern mußten den Rest der Strecke zu Fuß zurücklegen. Ernest war an diesem Tag in der zweiten Gruppe und erhielt das Vorrecht, der Fahrer zu sein. Er ließ nie eine Gelegenheit aus, den Wagen zu fahren. Aber nach der Fahrt schlug er diesmal den

Heimweg ein, statt in die Kirche zu gehen. Er wurde vermißt. An diesem Nachmittag nahm ihn A. R. D. in die Scheune hinaus, und egal mit welchem Pferderiemen er zuschlug – es hatte auf alle Fälle die Wirkung, daß Ernest für die nächste Zeit ziemlich religiös wurde.

In Jahren, in denen es eine schlechte Ernte gab oder wenn gerade genug Burschen zu Hause waren, die die Arbeit tun konnten, wurden die jungen Männer zum Geldverdienen hinausgeschickt. Auch mit Ernest wurde da keine Ausnahme gemacht. Im folgenden Sommer ging er – erst 15jährig – 80 Meilen von zu Hause fort, um seinen ersten Job anzunehmen. Er arbeitete 6 Tage in der Woche, täglich 12–14 Stunden. Morgens und abends gab es Hausarbeit zu erledigen, dazwischen ging er lange Stunden hinter den Pferden her über den Acker. Am Sonntag fiel die Feldarbeit aus, aber die Hausarbeit mußte trotzdem getan werden. Sonntagnachmittags hatte er seine einzige Freizeit. Neben Kost und Logis verdiente er 25 Dollar pro Monat.

In den 30er Jahren fielen die Ernten so kärglich aus, daß die kanadische Regierung die Farmer unterstützen mußte. Als Gegenleistung bauten sie – nur mit ihrem eigenen Werkzeug ausgerüstet – einfache, ungepflasterte Straßen. Ernest scheute die Arbeit nicht – es war besser, als Sozialhilfe zu erhalten. Er versuchte sich auch mit dem Verlegen von Eisenbahnschwellen. Das war eine harte und schwierige Arbeit, und als die Geleise in ihrem Gebiet gelegt waren, gab er sie auf.

Bibelschul-Zeit

Man schrieb das Jahr 1935. Ernie, seit nunmehr zwei Jahren aus der Schule, war zu einem sehr rastlosen und rebellischen jungen Mann geworden. Die Landarbeit hatte ihm nicht die erwartete Befriedigung gebracht, und so beschloß er, nach der Ernte von zu Hause fortzulaufen und in die großen Städte zu gehen, um dort nach Erfüllung und Abenteuern zu suchen.

Doch da konfrontierte ihn der plötzlich Tod eines Cousins und engen Freundes mit dem Gedanken an das Leben nach dem Tod. Er begann sich ernsthaft damit zu befassen. Oft ging er zu Bett mit der Erkenntnis: »Wenn diese Nacht die Wiederkehr Jesu stattfinden würde, bin ich nicht dafür bereit und würde zurückgelassen werden.«

Während dieser Zeit trug ein scheinbar unbedeutender Vorfall dazu bei, ihm weitere Erkenntnis zu vermitteln. Sooft seine einzige Hose geflickt werden mußte, ging er zu Bett, während Mutter sie reparierte. Vom Schlafzimmer droben aus hörte er sie unten, während sie arbeitete, das deutsche Lied singen, »O Sünder, wo wirst du sein, wenn ER kommt?«

Die Sündenerkenntnis wuchs, bis er endlich einige Nächte darauf die Bibel zur Hand nahm und las: »Ich bin die Auferstehung und das Leben. Wer an mich glaubt wird leben, auch wenn er stürbe« (Joh. 11, 25). Das war Ernests Verlangen: Er wollte leben! Nachdem er einige Verse weiter gelesen hatte, kniete er nieder und übergab sein Leben dem Herrn. Voll Freude legte er sich zu Bett und betete: »Herr, das ist herrlich! Ich bin auf dem Weg zum Himmel. Wie kann ich das je zurückzahlen, was du für mich getan hast?« Sofort wußte er die Antwort:

»Wenn du wirklich dankbar bist, wirst du es weitersagen.«

Bald darauf, während einer evangelistischen Versammlung in der Kirche, stand er auf und bekannte öffentlich, daß er den Herrn angenommen hatte. Er wußte, daß »der Mensch mit dem Herzen glaubt, aber mit dem Munde bekennt« (Röm. 10, 9. 10). Doch als er darum bat, getauft zu werden, was in seiner Kirche automatisch auch Mitgliedschaft in der Gemeinde bedeutete, wurde ihm geraten, bis zur nächsten jährlichen Tauffeier zu warten.

Bald erhielt er eine weitere Gelegenheit, Zeugnis abzulegen, diesmal in der Schlafbaracke auf der Gemeinschaftsweide. Die Gespräche, die dort geführt wurden, waren nie besonders anständig. Obwohl Ernest schüchtern war, gab ihm Gott den Mut, die Männer zu bitten, doch für einen Augenblick still zu sein. Sie erfüllten seinen Wunsch, und es gab eine absolute Stille, als Ernest neben seinem Bett niederkniete und betete.

Die Männer machten sich nie über ihn lustig, weil sie seinen Mut anerkannten.

Diesen Sommer blieb die verhaßte Arbeit, Schafe zu scheren, an ihm hängen. Als Christ entschloß er sich jedoch, das beste daraus zu machen und während der Arbeit Jesaja 53 auswendig zu lernen. Tatsächlich lernte er in den ersten paar Monaten nach seiner Bekehrung 500 Bibelverse auswendig. Während er mit den Pferden über den Acker fuhr, prägte er sich die Bibelverse ein. Jeden Abend notierte er sich die Bibelstellen, die er an diesem Tag gelernt hatte, auf der Rückseite seines Kalenders.

Das Christsein brachte noch einige andere Veränderungen mit sich. Wenn er pflügte, wurden die Furchen gerader.

Auch sein Verhalten gegenüber dem Vieh besserte sich. Seinem Vater fiel diese Veränderung auf, und er lobte ihn.

Mit Linda, die sich auch bekehrt hatte, besuchte er ein Missionslager der kanadischen Sonntagsschule am nahegelegenen Swift Current-Fluß. Das Lager war neu in dem Gebiet und die Ausstattung sehr primitiv. Zelte dienten als Unterkunft. Ein Farmer lieh ihnen eine Kuh zum Melken, und freundliche Frauen buken für sie Brot. Aber Ernest und Linda wurden zu vertieftem geistlichen Wachstum herausgefordert.

Es war ein lernbegieriger 16jähriger Ernest, der in diesem Herbst aufbrach, um mit dem Segen und voller Unterstützung seines Vaters eine Bibelschule der Mennoniten-Brüdergemeinden zu besuchen. Aber die Lehrer ließen es sich mehr angelegen sein, biblische Geschichten zu erzählen, statt die jungen Leute mit den Nöten der Welt und der Tiefe des Wortes bekannt zu machen. Kein praktischer christlicher Dienst wurde von den Studenten verlangt, nur einige grundlegende Pflichtübungen standen auf dem Programm. Ernest war bald enttäuscht. Ohne Mühe erhielt er gute Noten und verschwendete folglich eine Menge Zeit.

Der Empfehlung der Gemeinde folgend, hatte Ernest nun ein Jahr des Wartens auf die Taufe hinter sich gebracht. Er bewarb sich erneut und wurde als Kandidat angenommen. Bei der nächsten Gemeindeversammlung beantwortete er Fragen der Gemeinde und auch die tieferschürfenden Fragen des Pastors. Dann bat man ihn, den Raum zu verlassen und beriet in seiner Abwesenheit über die Zulassung. Da er die Fragen zufriedenstellend beantwortet hatte, wurde er zur Taufe zugelassen. Die Familie und Freunde versammelten sich an einer ruhigen Stelle am Fluß um Zeugen dieses Gehorsamsschrittes zu sein. Die meisten seiner Freunde jedoch kamen, um zu spotten und sich über ihn lustig zu machen.

Bald konnte er zum erstenmal jemanden zu Christus führen. Als er eines Nachts aus einer Versammlung kam und wußte, daß er andere erreichen mußte, bemerkte er einen Freund, der in einem Auto wartete. Ernest spürte: das war seine Gelegenheit. Er schluckte schwer, als er hinging. Der Freund hörte willig zu, als er ihm das einfache Evangelium Christi vorstellte, und er war sogar bereit, Jesus anzunehmen. Ernest war vor Freude außer sich.

A. R. D., dessen geistliches Verständnis ebenfalls wuchs, schien es nichts auszumachen, daß Ernest in diesem Herbst keinen Wunsch äußerte, zur Bibelschule zurückzukehren. Er stellte fest, daß andere Schulen und Camps mehr geistliches Leben hatten als die Schule ihrer eigenen Denomination. So blieb Ernest wieder zu Hause, um auf der Farm zu helfen, während Linda auszog, das Millar Memorial Bibel-Institut, eine kleine interkonfessionelle Schule in Pambrun, zu besuchen. Während des Winters besuchte Ernest Linda und war beeindruckt von dem, was er sah und hörte. Er beschloß, auch dort zu studieren. Kost und Logis kosteten 7,50 Dollar im Monat, dafür mußte er hart arbeiten und fleißig sparen.

50 Meilen von zu Hause entfernt fand eine Freizeit statt. Mr. Peeler, der Direktor des Millar Memorial-Bibel-Instituts, war der Prediger. Ernest und ein Freund ritten hin, um an den letzten paar Tagen der Freizeit teilzunehmen. Hier weihte er sein Leben ganz dem Herrn.

Im Herbst des Jahres 1937 gab es in Saskatchewan eine Mißernte. Das bedeutete Arbeitslosigkeit. Aber es kam die Nachricht, daß Verwandte in Manitoba Hilfe brauchen konnten. Ed und Ernest trampten hin. Die Verwandten lebten mit ihren 15 Kindern in einem großen Haus, und für die angeworbenen Arbeiter gab es eine Schlafbaracke. Ernest mußte beim Mähdreschen helfen. Für 3 Dollar täglich schaufelte er Korn, und für zusätzliche 2 Dollar pflügte er die ganze Nacht. Bald entwickelte er die Fähigkeit, auf dem Traktor zu schlafen. Wenn dieser am Ende der Furche anstieß, rüttelte es ihn genügend wach, um zu wenden und weiterzufahren.

Während der Ernte bekamen Ernie und Ed telefonisch die schreckliche Nachricht, daß ihr ältester Bruder Dave ertrunken war. Mit einigen anderen fuhren sie 500 Meilen zum Begräbnis nach Hause. Doch es eilte mit der Ernte, und so mußten sie sofort zurückkehren, um ihre Arbeit zu beenden. Das fiel ihnen schwer.

All sein hart verdientes Geld sparte Ernest für die Bibelschule. Im Oktober traf er wieder einmal lernbegierig in einer Schule ein – diesmal im Millar Memorial Bibel-Institut, das auch Linda besuchte.

Das Leben im MMBI erlaubte keine Kinkerlitzchen. Die Ernährung lieferten selbstbebaute Felder. Sie war sehr einfach – Kartoffeln und Steckrüben – dann wieder Steckrüben und Kartoffeln. Fleisch gab es nur, wenn es von jemand gespendet wurde. Bei einer Gelegenheit sagte ein Farmer zu Mr. Peeler, daß sie ein Rind geschenkt bekämen, wenn sie dieses selbst erschießen würden. Ernie – (diese Namenskürzung hatte er in der Schule erhalten) – der sich nie etwas entgehen ließ, borgte sich ein Gewehr, und zu zweit gingen sie hin, um das Rind zu schlachten. Dieses Fleisch war ein seltener Genuß, denn die Schule besaß nur Milchkühe.

Das Frühstück bestand aus demselben Weizenflocken-Brei, den es auch zu Hause gegeben hatte. Trinkwasser mußte fast eine Viertelmeile weit hergeholt werden. Bei sehr kaltem Wetter stülpten sich die Männer dazu Pappschachteln über den Kopf, um sich vor dem Wind zu schützen. Zum Sehen hatten sie einen Schlitz hineingeschnitten. Wenn sie die gefüllten Eimer einige Minuten stehen ließen, formte sich eine dünne Eisschicht darauf, so daß sie leichter zu transportieren waren.

Niemand hatte genug Geld für vernünftige, warme Kleidung. Die Schüler wohnten in gemieteten Häusern. Ihre Öfen mußten sie selber beheizen, Heizmaterial und Wasser herbeischleppen, ihre Wohnungen sauberhalten und ihre Wäsche selber waschen. Die Jungen waren auch für die Hausarbeit verantwortlich, die in der Schule anfiel – den Stall ausmisten, melken und Butter herstellen, Kohle, Asche und Wasser schleppen. Die Mädchen halfen in der Küche und bügelten den Jungen die Hemden. Aber ihre Hosen bügelten die Jungens selber.

Ernie hatte die Aufgabe, die Petroleumlampen sauber zu halten und nachzufüllen. Er war auch verantwortlich dafür, die Gas-Bügeleisen aufzufüllen, eine Neuerung während seines zweiten Bibelschuljahres. Bis dahin mußte man die Eisen auf dem Herd erhitzen.

Mr. Peeler forderte großen Respekt, und Ernie bewunderte ihn sehr. Er war nicht nur ein hervorragender und beliebter Lehrer und Chef, er war selbst der erste, der zugriff, wenn etwas getan werden mußte. Und er versäumte es keinen Tag, Fußball zu spielen, auch nicht im hohen Schnee. Ernie wollte ihm darin nicht nachstehen, und so waren sie beide manchmal die einzigen Spieler! Daraus entstand eine Freundschaft für immer.

Manchmal wurden auch Streiche gespielt. Aber Ernie war dabei mehr ein Teilnehmer als ein Anführer. Eines Nachts kehrte er mit seinen Zimmergenossen spät heim. Während er nach der Öllampe tastete, stieß er an einen ausgestopften Strohmann, der von der Zimmerdecke herabbaumelte. Sein Puls blieb einen Augenblick stehen, als er sich überlegte, welcher Freund das Schulleben wohl nicht mehr ertragen hatte.

Ein andermal banden zwei Schüler einige Blechdosen mit einer Schnur zusammen und brachten sie in der offenen Mansarde über ihrem Zimmer an. Dann luden sie Mitschüler zu sich ein und regten an, sich gegenseitig Gespenstergeschichten zu erzählen. Zu einem geeigneten Zeitpunkt zogen sie an der Schnur. Die klappernden Dosen verursachten einen großen Schrecken. Niemand wußte, woher das Geräusch kam und wer – oder was! – es verursacht hatte.

Es bot sich viel Gelegenheit für christlichen Dienst an, denn jedes Wochenende diente ein Team von der Schule irgendwo. Ernie versäumte das in keiner Woche, und das hatte einen zweifachen Grund: Er freute sich, ein Teilnehmer des Gottesdienstes zu sein, aber er genoß auch besonders seinen Platz hinter dem Steuerrad des Lastwagens eines Mitschülers, den ihm keiner streitig machte. Ernie hatte dessen Freundschaft erworben und ihm bei seinen Pflichten geholfen. Dafür wurde ihm nun erlaubt, das Lastauto zu benützen. Er wurde von allen beneidet!

Die Bibelschüler drängten sich auf der offenen Ladefläche zusammen und los ging es, manchmal 40 oder 50 Meilen weit, ohne Schutz vor dem Wind. Ernie hatte genug Zeit auf dem hinteren Teil des Wagens verbracht, um ermessen zu können, was für ein Opfer das war. Dennoch fehlte es nie an Freiwilligen zu solch einem Wochenende der Verkündigung. Jeder wollte dabei sein!

Ernie war immer noch sehr schüchtern. Während eines Einsatzes ergriff er die Gelegenheit, einem Fremden ein Traktat in die Hand zu drücken. Weil er nicht wollte, daß irgendein Gespräch dabei zustandekam, machte er kehrt und rannte weg. Sein Bibelschullehrer Ken Robins erinnert sich, daß seine ersten Predigten interessant, aber mit langen Pausen und »aaahs« durchsetzt waren.

Musik spielte im Schulleben eine bedeutende Rolle. Ernie sang bei Quartetten und Chören mit. Er hatte die Musik immer geliebt, und hier fand sie ihren Ausdruck, wie es seiner Meinung nach auch sein sollte, im Lobpreis seines Erlösers.

Als er in den Sommerferien nach Hause kam, hörte er nicht auf, Zeugnis abzulegen. Im Mai 1938 führte er seine jüngere Schwester, Ruby, zum Herrn. Sie war aufs Feld hinausgekommen, um Ernie etwas zu essen zu bringen, als er sie nach ihrer Erlösung fragte. Sie war willens und bereit, den Herrn gerade hier auf dem Feld anzunehmen.

Er und Oliver Beisel beschlossen, zusammen in Beechy evangelistisch zu wirken. Das Millar Memorial Bibel-Institut ermutigte seine Studenten, sich im Sommer irgendeinem praktischen Einsatz anzuschließen, obwohl die meisten Schüler sich in dieser Zeit die Kosten für ihr nächstes Schuljahr verdienen mußten.

Sie sagten einem Nachbarn, daß sie wie Paulus und Silas aufbrachen und wanderten dahin in der Hoffnung, daß jemand sie mitfahren lassen würde. Oliver hatte 4 Dollar und Ernie 1 Dollar. Gegen Ende des ersten Tages erreichten sie eine kleine Stadt, 20 Meilen von daheim entfernt. Da sie niemanden kannten, gingen sie zu dem Angestellten einer Tankstelle, und Ernie fragte: »Gibt es Christen in dieser Stadt?«

Der Angestellte schaute schockiert drein und antwortete: »Nun, wir sind doch keine Heiden!« Aber als er sah, wie frustriert sie waren, besänftigte er: »Ich glaube ich weiß, nach welcher Art von Leuten ihr Ausschau haltet. Wenn ihr dort den Hügel hinaufgeht, findet ihr eine Familie, die so ist.«

Sie konnten die Nacht bei der christlichen Familie auf dem Hügel verbringen. Anderntags erbot sich der Gastgeber, der ein Auto besaß, sie zu ihrem Bestimmungsort zu fahren. Das war eine von Ernies ersten Erfahrungen, daß uns Gott über unsere Bedürfnisse und Erwartungen hinaus versorgen kann.

Nachdem sie in Beechy eine Bleibe gefunden hatten, gingen sie zur Schulpflegschaft und erhielten Erlaubnis, das Schulhaus für ihre Versammlungen zu benützen. Jeden Morgen lehrten sie die Kinder drei Stunden lang Lieder und biblische Geschichten. Abends predigten sie. Nach einer Woche waren sie mit ihrem Predigtstoff am Ende und kehrten heim.

Diesen Herbst kam Erma in das Institut. Da sie einen Zwillingsbruder hatte, der Ernest hieß, sagte sie Ernie, er könne ihr Ersatzbruder sein, solange sie in dieser Schule sei. Obwohl sie später Frau Klassen wurde, bestand zu jener Zeit keine romantische Beziehung zwischen ihnen. Sie war eine Klasse unter ihm, und so hatten sie keinen gemeinsamen Unterricht. Doch wirkten sie beide im Schulorchester mit – sie spielte Mandoline und er Gitarre.

Während der Weihnachtsferien beschloß Ed, daß er und Ernie noch einige zusätzliche Pferde von der Gemeinschaftsweide heimbringen sollten. Sie brachen in bitterkaltem Wetter auf, so warm wie möglich gekleidet. Ernie trug seine Halbschuhe, und ein Strumpf hatte ein Loch in der Ferse.

Sie kamen in einem Schneesturm auf der Weide an und suchten nach einem Schuppen, wo sie sich aufwärmen und die Nacht verbringen konnten. Er war mitten auf der 36 Quadratmeilen großen Weide gelegen. Nachdem sie eine Zeitlang herumgeritten waren, mußten sie verzweifelt zugeben, daß sie sich verirrt hatten. Die Temperatur fiel unter 35 Grad minus, und sie fürchteten, daß sie erfrieren würden.

Ed interessierte sich nicht für Geistliches, aber Ernie, der hinter Ed herkam, sagte: »Wir müssen beten.« Sie hielten an, und er betete, daß Gott sie zu dem Schuppen führen möge. Als er die Augen öffnete, sah er eine Pferdespur, die Ed übersehen hatte. Sie konnten ihr über einen Hügel zu dem Gebäude folgen.

Drinnen entdeckte Ernie, daß seine Ferse gefroren war. Aber er sagte es niemandem. Sehr langsam und schmerzhaft taute sie im Bett wieder auf, während Ed für den Heimritt den Strumpf flickte. Nach der Nachtruhe fingen sie die Pferde ein und brachen auf. Aber sie schafften nur die halbe Strecke und mußten nochmals in einem Lager übernachten. Als Ernie an diesem Abend die Socken auszog, kam ein Stück von seiner Ferse mit: Sie war wieder gefroren! Diesmal konnte er es nicht mehr verbergen. In diesem Zustand konnte er nicht weiterreiten. Freunde brachten ihn im Auto heim, während Ed allein ritt.

Die wunde Ferse würde ihn vom Schulbesuch abhalten, es sei denn, jemand würde ihn mitfahren lassen. Doch es gab eine noch bessere Lösung: Im Klassenzimmer wurde ein Bett aufgestellt, so daß er am Unterricht teilnehmen konnte. Seine Ferse heilte schnell.

In seinen zweiten Sommerferien befand er sich schon wieder unterwegs zu einer Einsatzwoche. Diesmal arbeitete er mit Leonard Klassen zusammen. Sie waren reicher als im Vorjahr und hatten ein Fahrrad. Es war aber nicht stabil genug, sie beide zu tragen, so arrangierten sie eine Abmachung ähnlich jener, mit der die Klassenfamilie jedermann zur Kirche befördert hatte. Einer von ihnen fuhr einige Meilen, während der andere marschierte. Der Fahrer ließ dann das Fahrrad im Straßengraben zurück und trat seinen Teil des Fußmarsches an. Wenn der Fußgänger zum Fahrrad gelangte, konnte er nun fahren. Die Nächte verbrachten sie in Scheunen oder am Straßenrand.

Wenn das Zweier-Team in einem Haus untergebracht war, begann es sofort mit einem Kinder-Club. Jeden Morgen saß Ernie am Lehrerpult und stimmte seine Gitarre, während er auf die Ankunft der Kinder wartete. Viele von ihnen hatten Angst vor ihm, denn sie sahen nicht oft einen Fremden.

Nach dem Abendgottesdienst machten sie Hausbesuche. Als sie einmal eine Familie, die sie besucht hatten, wieder verließen, wollten die junge Tochter und ihr Bruder sie nach Hause begleiten. Das fanden sie seltsam, denn es waren mehrere Meilen in der Dunkelheit zurückzulegen, und die beiden mußten allein wieder umkehren. Aber während sie so dahingingen, kam die Absicht zutage: Bruder und Schwester wollten den Herrn annehmen und brauchten dazu eine andere Atmosphäre, als sie sie zu Hause hatten. So führten Ernie und Leonard sie zum Heiland – mitten auf der dunklen Straße.

Eine ältere Schwester derselben Familie hatte einen ortsbekannten Atheisten geheiratet. Ernie beschloß diesen Mann zu besuchen. Der Ehemann arbeitete auf dem Acker, und Ernie ging geradewegs dorthin, wo er war. Obwohl der Inhalt des Gesprächs nicht mehr bekannt ist, weiß man, daß der Atheist an diesem Tag gläubig wurde. Seine Rettung war ein herrlicher Sieg für das Team und für die Sache Christi in diesem Gebiet.

Im letzten Schuljahr litt Ernie unter Geldknappheit. Er schrieb Mr. Peeler, daß er das Schulgeld nicht aufbringen könne. Mr. Peeler antwortete sofort: »Komm trotzdem zurück. Ich vertraue dem Herrn deinethalben.« Ernie kam nur zu gern zur Schule zurück, und am Ende seiner Schulzeit konnte er alles, was er schuldig war, zurückzahlen.

Während Ernies letztem Schuljahr baute das Millar-Memorial-Bibel-Institut noch weitere Gebäude. Er freute sich, Mr. Peeler beim Bau helfen zu können. Die einfachen Baustrukturen aus Holz erforderten kein besonderes Geschick. Es wurde auch eine Wasserleitung installiert, und ein kleiner Generator brachte genügend Elektrizität für ein paar Glühbirnen zustande. Ein »Elektriker« legte die Leitungen. Seine offenliegenden Kabel würden nicht dem heutigen Standard entsprechen – aber sie funktionierten.

Ernie überlegte sich immer, wie man etwas besser machen könnte. Eine Hauptarbeit war, Wasser zu schleppen, um die Zisterne zu füllen. Es wurde da geholt, wo jeweils der Frühlingsschnee zu einem klaren Tümpel schmolz. Wenn der nächstgelegene Tümpel ziemlich weit weg war, organisierte Ernie die jungen Bibelschüler. Er borgte sich jeden Eimer, den er auftreiben konnte – etwa 20, und brachte 10 Jungen dazu, je zwei Eimer zu füllen und zu tragen. Wenn jeder mitarbeitete, war die Zisterne rasch gefüllt.

Der Schulabschluß fand während der Frühjahrskonferenz statt. Für die Herbst- und die Frühjahrskonferenz mußten alle Studenten ihre Zimmer den Gästen überlassen. Bei gutem Wetter nahm Ernie eine Decke und schlief unter offenem Himmel. Wenn das Wetter ungünstig war, konnte er gewöhnlich einen Schlafplatz in einem nahegelegenen Getreidesilo finden. Solche Härten waren so sehr ein Teil des Lebens der Bibelschüler, daß sie gar nicht als solche angesehen wurden. Aber diese schwierigen Umstände bereiteten sie auf ihre zukünftige Tätigkeit auf dem Missionsfeld vor.

Obwohl Pambrun ein kleiner, entlegener Ort war,

fanden viele Missionare während ihres Reisedienstes dorthin, und sie wurden mit offenen Armen und offenem Herzen willkommen geheißen. MMBIs erklärtes Ziel war es, Missionare für die Missionsfelder der Welt auszubilden. Nach drei Jahren war auch Ernie bereit zu gehen, wohin der Herr ihn senden würde.

Predigtstellen in Kanada

Zuerst mußte Ernie Klassen seine Schulgeldschulden abtragen. Er nahm eine Farmarbeit in der Nähe an und predigte bei jeder Gelegenheit. In einer Samstagnacht fühlte er sich nicht wohl, aber weil er seine Verpflichtungen sehr ernst nahm, predigte er am nächsten Tag in einem heißen Sommer-Nachmittagsgottesdienst. Während der Predigt taumelte er und fiel um. Nachdem er am Boden liegend seinen Satz beendet hatte, wurde er bewußtlos. Mitglieder der Gemeinde trugen ihn hinaus. Er kam bald wieder zu sich und machte einen Scherz darüber, so daß schließlich alle tüchtig lachen mußten!

Im Herbst, nachdem das Schulgeld abbezahlt war, beschlossen Elmer Klassen und er, als nächstes nach Britisch Kolumbien zu gehen. Elmer hatte Verwandte dort, und es war ein guter Platz, den Winter dort zu verbringen. So trampten sie dahin, und wo immer sich die Gelegenheit bot, hielten sie evangelistische Versammlungen. Unterwegs nahmen sie auch jede Arbeit an, die sie finden konnten, um ihr Unternehmen zu finanzieren.

Ein Job, der ihnen angeboten wurde, war das Entfernen einiger großer Baumstümpfe. Das schien leichterworbenes Geld zu sein, doch nach viel Schweiß und Mühe mußten sie sich geschlagen geben. Erfolgreicher dagegen war ihr Predigtdienst. Einmal bekehrte sich die ganze Versammlung – sie bestand nur aus einer Person.

Nach einem sehr kurzen Aufenthalt in Britisch Kolumbien wurde Ernie durch die Kanadische Sonntagsschul-Mission einem kleinen Pastorat in Warmly empfohlen. Er nahm den Ruf an und kehrte nach Saskatchewan zurück, während Elmer in Britisch Kolumbien blieb, um dort die Arbeit weiterzuführen.

Ernies Verantwortung umfaßte zwei Gemeinden, die sich in Häusern und im Schulhaus versammelten. Man stellte ihm eine neuerrichtete Hütte zur Verfügung, die nur aus einem Raum bestand und innen und außen mit Lehm verputzt war. Das war für Ernie gut genug – sein augenblickliches Problem war die Vorbereitung von Predigten. Er sagte zu einem seiner Kirchgänger: »Ich glaube nicht, daß ich genug Predigten für ein ganzes Jahr habe!« Nachdem er sich seiner Gemeinde vorgestellt hatte, indem er sich ein Pferd borgte und damit Hausbesuche machte, arbeitete er für die Farmer am Ort. Es war Erntezeit, als er ankam, und er wurde dazu bestimmt, ein Garbenbinde-Gespann zu lenken. Bald brachte er in kürzerer Zeit mehr Garben in die Raufen als jeder andere. Während er auf die andern wartete, saß er auf seiner Ladung und studierte sein Neues Testament, das er immer in seiner Tasche mit sich trug. Eines Tages jedoch überlud er in seinem Übereifer eine Raufe, und sie brach unter dem Gewicht. Daß der Farmer darüber nicht glücklich war, ist verständlich.

Als die Ernte vorbei war, half er auf einer Pelztierfarm die Nerze zu häuten. Während der Freizeit sang er und gab vor den andern Arbeitern sein Zeugnis. Mit seiner Gitarre stimmte er auch den Gesang im Gottesdienst an. Sein begeistertes Singen steckte alle an. Da keine der beiden Gemeinden einen gleichbleibenden Versammlungsort hatte, war eine Gitarre am besten als Begleitinstrument geeignet.

Er versuchte, seine Predigten interessant und zeitgemäß zu gestalten.

Oft las er der Gemeinde auch Geschichten vor. Obgleich diese auf die Kinder abgestimmt waren, fand er in ihnen das wirksamste Mittel, auch die Erwachsenen zu erreichen. Daran würden sie sich erinnern und so etwas von den Sonntagsgottesdiensten mit nach Hause nehmen.

Ernies Lohn war, was in der Kollekte zusammenkam – von 2 Dollar bis 10 Dollar pro Monat. Die Leute waren arm, und sie dachten, auch der Prediger solle arm sein. Die Bauern versorgten ihn mit Fleisch und Brot und borgten ihm ein Pferd, wenn er eines benötigte. Wenn seine Vorräte erschöpft waren, erschien er gern zu Hausbesuchen während der Essenszeiten. Die Mütter von heiratsfähigen Mädchen begrüßten seinen Besuch. Er benützte diese Gelegenheiten, um Zeugnis zu geben. Wenn er zum Beispiel in dem Haus war, in dem auch die Lehrerin wohnte, klopfte er an ihre Tür und redete mit ihr über Christus.

Die Predigtvorbereitung war weiterhin eine Plage für ihn, und bei jeder möglichen Gelegenheit bat er einen Gastredner, zu kommen. Er gab ihm die ganze Kollekte und nahm den finanziellen Verlust in Kauf, wenn er nur keine Predigt vorbereiten mußte.

In dieser Zeit sprach der Herr über das Abgeben des Zehnten zu Ernie. Vielleicht waren die geringen Kollekten ein zusätzlicher Ansporn. So beschloß er, über die Abgabe des Zehnten zu predigen. Aber ehe er es predigen konnte, mußte er es selbst praktizieren. Das war schwierig, weil 2 Dollar nicht sehr weit reichten. Jedoch der Herr versicherte ihm, daß er mit neun Zehntel genau so gut auskommen könnte wie mit zehn Zehntel. Er berichtete später von vielen Segnungen, von denen er glaubt, daß sie ein direktes Ergebnis davon waren, daß er bei der Abgabe des Zehnten den Herrn an die erste Stelle setzte – aber er erinnert sich heute nicht mehr, ob die Kollekte sich erhöhte.

Seine Hütte war nahezu 300 Meter vom Heim der Butes entfernt, die das Land für das »Pfarrhaus« gespendet hatten. Eines Morgens waren sie erstaunt und besorgt, als sie ihn um seine Hütte rennen sahen, als ob er verfolgt würde. Als sie hingingen und nachforschten, erklärte er, daß er gerade trainiere, »wie ihr es macht, wenn ihr Kühe jagt«.

Frank Bute erinnert sich an einen Vorfall, der zu seinem inneren Wachstum als Christ beitrug. Ernie war krank, und Frank brachte ihm und seinem Freund Bill etwas zum Frühstücken. Bevor er wegging, baten ihn die beiden, mit ihnen zu beten. Frank hatte nie in englischer Sprache gebetet, und er sagte, das könne er nicht. Die jungen Männer ermutigten ihn, und so betete er zögernd das erstemal laut auf Englisch. Er erinnert sich noch dankbar an diesen bescheidenen Anfang, der für sein geistliches Leben und seine Entwicklung neue Dimensionen eröffnete.

Als Pastor, der an zwei verschiedenen Orten predigen mußte und viele Hausbesuche machte, brauchte Ernie ein besseres Transportmittel. Im Herbst 1940 hatte er etwas Extra-Geld verdient bei der Arbeit mit der Dreschmannschaft, aber er rechnete sich aus, daß er sich kein Auto leisten konnte und entschied sich für ein Motorrad. Mit 105 Dollar in der Tasche ging er ins nahe Brandon. Dort fand er einen 1928er Modell A-Touring-Wagen, der für 95 Dollar zu haben war. Voll Freude kaufte er ihn, und es blieb ihm noch genug Geld für das Benzin zur Heimfahrt übrig. Das Auto wurde bald unentbehrlich, um Leute zum Krankenhaus zu bringen oder sie zu entfernt lebenden Verwandten zu fahren. Ein Hochzeitspaar fuhr er zu einem ordinierten Pastor zur Trauung. Für ihre Flitterwochen bot er ihnen eine Fahrt nach Regina, das 100 Meilen entfernt lag, an. Mit

Vorhängen statt mit Fensterglas ausgestattet, war das eine kalte Januar-Fahrt! Der zweitägige Ausflug war ein großes Ereignis – das Paar war zum erstenmal im Leben so weit von zu Hause fort.

Ein Autobesitzer gilt etwas – und er hatte einen besonders guten Wagen – er konnte sogar durch den Schnee fahren. Wenn das Auto steckenblieb, weil es zu leicht war, stellte er sich auf die Stoßstange, um es zu beschweren. Die Straßen waren sehr ausgefahren, und so brauchte niemand hinter dem Lenkrad zu sitzen. Jedoch als er wieder einmal auf diese Weise fuhr, machte sich das Auto selbständig und fuhr einen Hügel hinab, ohne daß es er aufhalten konnte. Unten prallte es an einen Baum. Beschämt ging Ernie zu einem Nachbarn und bat, daß man es aus der Grube herausziehen möge. Dem Auto war nicht viel Schaden geschehen, wohl aber dem Stolz des Predigers!

Ernie war für seine Pünktlichkeit bekannt, aber an einem verschneiten Abend war er zu spät dran, als er zu einem Weihnachtsprogramm der Hazel-Valley-Schule, die 13 Kilometer entfernt lag, unterwegs war. Da es keine Straßen gab, fuhr er querfeldein und folgte Pferdespuren hügelauf und -ab. Unerwartet kam er an eine Kurve. Der Wagen raste in ein dichtes Gebüsch, das ihn einen Meter hoch vom Boden hob. Ernie hatte keine andere Wahl als zur Farm zurückzurennen und sich ein Pferd zu borgen, um zur Versammlung zu gelangen. Am nächsten Tag brauchten sie ein paar Pferde, um das Auto herauszuholen. Es stellte sich heraus, daß nur ein paar Drähte gerissen waren, obwohl sie einige Bäume niederhauen mußten, um es herauszubekommen.

Das 1928er Modell A leistete ihm gute Dienste. Er ist heute davon überzeugt, weil er den Zehnten gab, bewahrte der Herr sogar die Reifen davor, sich schnell abzunützen. Zweimal ersetzte er die Karosserie, zuerst machte er einen kleinen Lastwagen daraus und später eine Limousine. Nach drei Jahren verkaufte er es für 225 Dollar.

Ein junger Pastor ist nicht automatisch bei jedermann beliebt. So war z. B. ein Nachbar ziemlich unfreundlich. Ernie hatte gebeten, sich ein Pferd ausleihen zu dürfen, weil der Schnee sogar für das Auto zu tief war. Der Nachbar sah das als eine Gelegenheit an, seinen Pastor zu testen und entschloß sich, ihm ein Pferd zu geben, von dem er sicher war, daß der Prediger es nicht reiten könne. Obwohl Ernie schon mit zwei Jahren das Reiten gelernt hatte, war er kein sehr guter Reiter. Er brachte es jedoch fertig, auf diesem Pferd zu bleiben. Der Nachbar gab nachher beschämt zu, daß er erstaunt war, daß das Pferd ihn nicht abgeworfen habe. Sie wurden gute Freunde, und viele Jahre später entwickelte sich ihre Freundschaft so weit, daß diese Familie Ernie unterstützte, als er Abschied nahm, um seine Missionsarbeit in Europa zu beginnen. Tatsächlich beschloß diese Familie sogar einmal, die Installation elektrischer Anlagen auf ihrer Farm hinauszuschieben, um lieber Ernie und seine Familie unterstützen zu können.

Ernie liebte Sport und schloß sich dazu den jungen Leuten an. An den Samstag-Abenden drehte er oft die Kurbel der Eiskrem-Gefriermaschine. Selbstgemachtes Speise-Eis war seine Lieblings-Leckerei. Dann setzte er sich zu den Burschen und hörte der Hockey-Sportreportage im Radio zu. Eines Nachts, als er mit der Jugendgruppe beim Schlittenfahren war, fanden er und noch ein Bursche einen besonders steilen Hügel. Die schnelle Talfahrt endete mit einer besonders harten Landung – sie stießen am Grund auf einen Steinhaufen!

Gegen Ende seines ersten Jahres im Dienst wurde er

sehr krank. Der Arzt stellte eine schwere Kehlkopfentzündung fest. Freunde nahmen ihn auf und pflegten ihn, aber als er seine Stimme verlor, konnte er seinen Predigerdienst nicht mehr erfüllen. Bald ging es ihm etwas besser, und er entschloß sich, einige Zeit auf das Millar Memorial Bibel-Institut zurückzukehren. Hier gönnte er seiner Stimme Ruhe und war doch körperlich aktiv. Die Schule baute noch immer, und seine Mitarbeit war willkommen. Es war für ihn ein erfrischendes und ermutigendes Jahr, und die Freundschaft zwischen ihm und Mr. Peeler vertiefte sich noch mehr. Seine erste Erfahrung beim Bau einer Bibelschule erwies sich in seinem späteren Leben als wertvoll.

Mr. Peeler erinnert sich an diese gemeinsame Zeit. »Ich denke an die vielen, vielen Stunden, in denen er sich großzügig einbrachte hier an der Schule. Für ihn war das nie eine große Sache, sondern ein fröhlicher Dienst für den Herrn, den er so sehr liebte. Wir arbeiteten hart, fast ohne jede moderne Ausrüstung, aber von früh bis spät. Es ist typisch für seinen abgehärteten Körper, daß er fast einen Kilometer weit zum Stausee lief und nach der Arbeit eines langen Tages mit uns andern in das eiskalte Wasser sprang. Es war noch Eis auf dem Stausee, als wir das taten. Diese Art Robustheit war ein Kennzeichen seiner Entschlossenheit, die Arbeit des Herrn unter allen Lebensumständen zu tun, auch wenn der Körper davor zurückschauderte. Ernie war glücklich, und unsere Gemeinschaft im Herrn war wunderschön. Ich kann mich nicht an einen ärgerlichen Vorfall erinnern während all dieser arbeitsreichen Monate. Preis dem Herrn!«

Als Ernies Stimme ausgeheilt war, wurde er gebeten, mit Henry Hildebrandt von der Kanadischen Sonntagsschul-Mission Zeltversammlungen abzuhalten. Sein Predigtstil besserte sich in dieser Zeit, aber besonders denkwürdig war die Gelegenheit, als sie ein Duett singen wollten. Ernie hatte beim Einüben einige Schwierigkeiten gehabt, aber nach fleißigem Proben dachte er, nun könne er es schaffen. Als sie an diesem Abend sich erhoben, um zu singen, erinnerte sich Henry an die Proben und mußte lachen. Er konnte sich vor Lachen nicht mehr beherrschen, und das Duett fiel ins Wasser. Ernie war mehr zum Weinen als zum Lachen zumute, und es brauchte lange, bis auch er diesen Vorfall von der humorvollen Seite nehmen konnte.

Im Herbst war Ernies Stimme stärker als je zuvor geworden, und er wurde gebeten, in Glen Ewen, Saskatchewan, eine Stellung anzunehmen. Eine Gruppe von Christen wollte eine Gemeinde gründen, und er sollte ihr erster Pastor werden. Sie kauften ein Schulhaus und brachten es in die Stadt. (In Kanada und USA gibt es transportable Häuser. Anm. der Redaktion.) Ernie ging zu einer Familie in Untermiete und erhielt wieder einmal die Kollekte als Gehalt. Er blieb ein Jahr lang, um die Gemeinde gut zu organisieren. Aber es war nun 1943, und Kanada war am Zweiten Weltkrieg beteiligt. Ernie fühlte den Ruf der Pflicht. Er legte seinen Predigerdienst nieder und schloß sich der Königlich-Kanadischen Luftwaffe an.

Dienst in der Königlich-Kanadischen Luftwaffe

Ernie hoffte, wenn er als Freiwilliger in die Königlich-Kanadische Luftwaffe eintrat, würde er Gelegenheit bekommen, das Fliegen zu lernen. Es bestand aber kein unmittelbarer Bedarf an Piloten, und so wurde er den Mechanikern zugeteilt.

Die ersten drei Monate verbrachte man in einem Barackenlager in einem Mannschaftsdepot auf dem Messegelände in Brandon. Ernies oberes Stockbett war etwa in der Mitte von 600 weiteren Betten in einem großen Raum. Gleich am ersten Abend hatte er Gelegenheit, Christus zu bezeugen. Auf seinem Bett sitzend, stimmte er seine Gitarre und war selber erstaunt über seine Kühnheit. Sofort versammelte sich eine Schar um ihn, um mitzusingen. Doch als er ein religiöses Lied anstimmte, zogen sie sich schnell wieder zurück und ließen ihn allein.

Als nächstes bat er, daß er an seinem Barackenbett niederknien und beten dürfe. Die Mannschaft war schon im Bett, und es blieb ihr nichts anders übrig, als zuzustimmen.

Am nächsten Morgen stellte Ralph sich Ernie vor. Er hatte ihn am Abend zuvor singen gehört, aber er war schon im Bett gelegen und konnte nicht zu ihm kommen. Später an diesem Tag kam noch ein weiterer Bursche und bekannte, Christ zu sein. Nun waren sie schon zu dritt, die gleich zu Beginn einen eindeutigen Standpunkt einnahmen. Sie waren eine ungewöhnliche Minderheit. Bei mehr als einer Gelegenheit wurden ihnen schmutzige Stiefel nachgeworfen, wenn sie zum Gebet niederknieten. Trotz des Spottes standen sie fest und hatten ein klares Zeugnis.

Vierzig Jahre später fragte Ernie Ralph, ob er sich noch erinnere, welches Lied er in jener ersten Nacht auf seinem Barackenbett gesungen habe. Er hatte es vergessen, aber Ralph wußte es noch. Das Lied »Diese Welt ist nicht mehr mein Zuhause«, das unter solchen Umständen gesungen worden war, hatte auf Ralph einen unvergeßlichen Eindruck gemacht.

Wenn an die Soldaten Uniformen ausgegeben wurden, hatten sie die Verpflichtung, diese in Ordnung zu halten. Die Kanadier hatten den Ruf, gut gekleidet zu sein, und so verbrachten die Männer viel Zeit damit, die Uniformen zu pflegen. Ernie war übereifrig, seine fast neuen Hosen zu bügeln, und dabei brannte er eines Tages ein Loch hinein. Als er sich erbot, sie zu ersetzen, winkte ihn der Quartiermeister beiseite und gab ihm eine neue Hose.

Nach drei Monaten im Barackenlager wurden sie nach St. Thomas in Ontario verlegt, um eine Spezialausbildung zu bekommen. Hier lernte Ernie theoretische Fluglehre, Namen von Flugzeugteilen und andere einschlägige Informationen. Dann wurde er nach Dorval, nahe Halifax im Staate Nova Scotia verfrachtet und als Mechaniker einem Bomber-Geschwander zugeteilt, dessen Aufgabe es war, feindliche Unterseeboote zu entdekken und zu zerstören.

Zu dieser Zeit wurden Freiwillige gesucht, die fließend Deutsch sprachen, um als Dolmetscher nach Europa zu gehen. Ernie qualifizierte sich dafür und wurde nach Moncton, New Brunswick, geschickt. Dort sollte er den letzten Schliff erhalten. Zuerst jedoch nahm er Urlaub, um seine Familie zu besuchen. Es muß für sie ein ziemlicher Schock gewesen sein, als er in Uniform bei ihnen ankam. (Mennoniten waren Kriegsdienstverweigerer aus Gewissensgründen und vom Dienst in der Armee ausgenommen.) Aber sie akzeptierten seine Unabhängigkeit, und A.R.D. gab ihm seinen Segen. Seine Schwestern waren entzückt über den Schmuck, den er ihnen als Abschiedsgeschenk mitbrachte, ehe er nach Europa ging. Als Gegenleistung halfen sie seine Schuhe auf Hochglanz zu bringen, seine Knöpfe zu putzen und seine Hemden zu bügeln.

Der Krieg war aber nun schon fast zu Ende. Der Sieg wurde verkündet, bevor sein Schiff in See stach. Er und zwei Freunde, Al Reimer und Arnold Newman, führten zu der Zeit einen Evangeliums-Feldzug in Moncton durch. Als sie die Neuigkeit vom Ende des Krieges hörten, baten sie um die Erlaubnis, den Orchesterpavillion in der Innenstadt benützen zu dürfen. Ernie predigte an diesem Tag vor mehr als 4000 Zuhörern. Man war ihnen dankbar, daß aufgrund dieser Versammlung Tumulte verhindert worden waren, wie sie in anderen Städten stattfanden.

Die Schiffsreise nach England dauerte drei Wochen. Das Schiff, das eine Besatzungstruppe von 10 000 Mann transportierte, fuhr in der Mitte einer Flotte von 21 Schiffen. Die Lebensbedingungen an Bord waren hart. Es gab nicht genug Betten, so daß die Soldaten ihre Hängematten im Speisesaal über den Tischen aufhängten. Jeder bekam einen Blechteller, um Essen zu fassen. Später wurde dieser auf der Farm als Katzenteller verwendet, und Ernies Magen drehte sich um, sooft er ihn ansah. Er war die ganze Strecke seekrank.

Weil er von ganzem Herzen ein Seelengewinner war, sogar bei seiner Seekrankheit, organisierte er Gottesdienste. Wenn es ihm irgendwie möglich war, predigte er einmal oder sogar mehrere Male täglich. Sie hatten regelmäßige Gebetstreffen und bildeten sogar einen Chor. Am Ende der Reise waren schon 18 Christen evangelistisch engagiert.

Nachdem man in England gelandet war, wurden die Truppen in Baracken untergebracht, um auf weitere Befehle zu warten. Ernie hatte die Adressen von einigen englischen Christen erhalten und so zogen anderntags Arnold und er aus, um diese zu besuchen. Sie lernten ein älteres Ehepaar kennen, das ein Schuhgeschäft besaß. Dieses Ehepaar war sehr gastfreundlich und lud die beiden Soldaten ein, zu ihnen zu ziehen, was diese sofort taten. Die Soldaten mußten zu den Mahlzeiten anwesend sein, die übrige Zeit stand zu ihrer freien Verfügung.

Am dritten Tag ihres Aufenthalts begannen sie in einer Baptistenkirche mit evangelistischen Versammlungen. Die Menschen wurden von den kanadischen Uniformen angelockt, und viele kamen zu den Gottesdiensten. Ihr Monat in England wurde mit aktiver Evangelisation ausgefüllt.

Dann kam der Befehl, als Besatzungssoldaten nach Deutschland zu gehen. Sie überquerten den Kanal und wurden auf Lastwagen geladen, die mit Zeltleinwand gedeckt waren. Große Konvoys von 50–100 Lastwagen transportierten die Soldaten. Ernie war dem Nachrichten-Corps der Königlichen Luftwaffe zugeteilt.

Im Rang eines Sergeanten war es seine Aufgabe, Fabriken in Norddeutschland zu besuchen und zu prüfen, ob sie noch arbeiten konnten. Drei Mann reisten zusammen in einem Jeep – ein Offizier, ein Dolmetscher und der Fahrer. Obwohl sie viele Meilen zurücklegten, fanden sie nirgends eine Fabrik, die noch funktionsfähig war. Alle waren durch schwere Bombenangriffe zerstört worden.

Als in Aurich die Kriegsprozesse begannen, war Ernie als Übersetzer für solche Fälle vorgesehen, die Kanadier betrafen.

*

Nach einem Jahr in Europa war Ernies Dienstzeit abgelaufen. Bald stand er in der Menge am Entlassungsdepot in England und wartete, bis sein Name aufgerufen wurde, um auf dem nächsten Schiff, das heimfuhr, einen Platz zu erhalten. Während er in der schweigenden Menschenschlange stand, stellte er sich vor, wie es einst sein wird, wenn das Lamm das Buch des Lebens öffnen wird. Es war beruhigend zu wissen, daß an jenem Tag auch sein Name aufgerufen werden würde.

Die Rückreise war besser. Jeder hatte ein Schlaflager, zwar eng, mit nur 35 cm Platz über sich, aber wenn man einmal in der Falle lag, konnte man nicht mehr herausrollen. Sie waren zu fünft übereinandergeschichtet unter einer nur 1,80 m hohen Zimmerdecke.

Mit seinen Ersparnissen vom Militärdienst kaufte Ernie sich einen 41er Chevy für 1200 Dollar und fuhr westwärts. Dann fand er eine Erntearbeit.

Die Königliche Kanadische Luftwaffe ließ die Krankenversicherung 30 Tage nach der Entlassung weiterlaufen. Am 31. Tag warf er die Startkurbel eines Mähdreschers an, und sie schlug zurück und brach sein Handgelenk. Ein Chiropraktiker hatte ihm einst eine Rippe eingerenkt, als er noch in der Bibelschule war, deshalb fuhr er zu dem örtlichen Chiropraktiker. Unterwegs hatte er eine Reifenpanne und mußte mit einer Hand den Reifen wechseln. Der Chiropraktiker konnte ihm diesmal nicht helfen und schickte ihn ins Swift Current-Krankenhaus. Dort gab ihm der Arzt eine Narkose und brauchte eineinhalb Stunden, um den Bruch einzurichten. Ernie hatte danach keine Schmerzen, und so ging er schon am nächsten Tag wieder zur Arbeit. Bald begann er an dem Gips herumzumeißeln, um seine Finger wieder bewegen zu können. Als er nach einem Monat den Gips abnehmen ließ, hatte er ihn schon bis 3 cm von seinem Handgelenk weggekratzt. Der Bruch heilte normal.

Nach der Herbstarbeit entschloß sich Ernie, wieder auf eine Schule zu gehen. Die Kanadische Regierung gewährte Kriegsdienstentlassenen einen Schnellkurs an weiterführenden Schulen, und so zog er in diesem Winter nach Regina in Saskatchewan, um zu studieren. Das war eine harte Arbeit, und sogar an Samstagen verbrachte er 12 Stunden über seinen Büchern. Sein Algebralehrer glaubte nicht, daß er es schaffen würde und gab ihn auf. Aber da bekam er Hilfe – seine frühere Bibelschul-Freundin Erma – und ihre Schwester Naomi. Beide Mädchen hatten das Gymnasium absolviert und waren hervorragend in Mathematik. Bereitwillig lernten sie mit ihm endlose Stunden lang. Es schien, als würde er nie mit diesem Stoff zurechtkommen.

Ernie wohnte mit vier andern Burschen bei einer christlichen Dame und besuchte nur sehr wenige gesellige Veranstaltungen. Gelegentlich predigte er in Gemeinden oder bei Jugendgruppen.

Als er 1970 den Mittleren Osten bereiste, wohnte er in einem Hospiz auf dem Berg Karmel in Israel. Der Dame, die dort arbeitete, kam er bekannt vor. Nach vielem Überlegen und Suchen in Aufzeichnungen kam zutage, daß sie im Winter 1946/47 solch eine Jugendversammlung besucht hatte, in der Ernie sprach.

So erlebte er das Jahr seiner Nachkriegs-Studienzeit.

Der Winter in diesem Jahr war sehr streng. Während eines Schneesturms wurden über Radio Freiwillige gesucht, die einen Zug ausgraben sollten, der zwischen Regina und Moose Jaw steckengeblieben war. Natürlich war Ernie gleich dabei. Jedoch wurde niemand, der nicht gutes Schuhwerk hatte, angenommen, und alles, was er besaß, waren Halbschuhe mit Überschuhen. Aber Ernie sah so robust aus, daß sie ihn trotzdem akzeptierten. Für jede Schaufel Schnee, die sie wegschafften, blies der beißende Wind zwei neue heran. Die Schneewehen waren so hoch wie Telefonmasten, und von dem Zug sah man nur noch den Rauch. Das Arbeitsteam schaufelte immer eine halbe Stunde und wärmte sich dann im Bremswagen auf. Sobald sie wieder hinaustraten, wurden ihre Nasen und Ohren frostig und weiß. Die Temperatur fiel noch weiter, bis sich die Zugmaschine nicht einmal mehr selbst bewegen konnte. Eine zweite Lokomotive wurde herbeibeordert, um die erste abzuschleppen. 33 Stunden lang blieben die Freiwilligen an der Arbeit. Es gab keine Verpflegung und keine Schlafgelegenheit. Der Bremswagen war die einzige Zuflucht. Am Schluß waren elf Lokomotiven versammelt, und endlich war eine davon imstande, in Fahrt zu bleiben. Inzwischen war das Wetter etwas milder geworden, und schließlich wurde der Zug ausgegraben. Dieses Ereignis brachte etwas Abwechslung in sein Studienjahr.

Und dann war da noch eine andere Sache. Ernie war mit Erma und Naomi im Briefkontakt geblieben, seit die beiden an Weihnachten nach Climax heimgekehrt waren. Bis zum Frühjahr war es ihm klar geworden, daß Erma die Richtige für ihn war. Er bat sie, seine Frau zu werden, und sie sagte zu.

Übrigens zahlten sich Ausdauer und Lernhilfe aus: Ernie schaffte beim Schlußexamen in Algebra die beste Note der Klasse!

Doug Scott, ein Freund aus der Heimat, empfahl

dringend, daß Ernie nun das Wheaton College in Illinois, USA, besuchen solle, wo er selbst studierte. Ernie entschloß sich, in den Sommerkursen diese Schule auszuprobieren. Mit der sicheren Zusage von Erma und dem Versprechen, rechtzeitig zur Hochzeit wieder zurückzukommen, reiste er mit einigen Freunden ab. Sein Aufenthalt dort überzeugte ihn, daß dies der richtige Schritt sei, und er bewarb sich für das Herbstsemester als vollzeitlicher Student.

Von Illinois nach New Brunswick

Die Hochzeit war auf den 30. August 1947 festgesetzt. Arnold Newman war der Trauzeuge, und viele Verwandte nahmen trotz des regnerischen Wetters und der aufgeweichten Straßen teil.

Mit Steinen im Kofferraum und Blechbüchsen am Strick hinter sich herziehend fuhren sie zu kurzen Flitterwochen in den Banff Nationalpark. Das Blockhaus kostete drei Dollar täglich, aber die Landschaft war unübertrefflich schön.

Nachdem sie sich in Regina ein Appartement eingerichtet hatten, gingen sie beide zur Arbeit – Ernie stapelte Pakete und Erma war Krankenschwester. Sie hatte im Vorjahr die Krankenpflegeschule abgeschlossen. Den ganzen September warteten sie auf eine Nachricht vom Wheaton College. Endlich kam eine Zusage für den Januar. Gleichzeitig wurden sie gebeten, für einen kranken Pastor in Trail, Britisch Kolumbien, einzuspringen. Die Kirche dort strahlte regelmäßige Radiosendungen aus, in denen die beiden als Duett sangen und Ernie predigte. Um Weihnachten herum kehrte der Pastor auf seinen Posten zurück, und sie konnten nach Wheaton umziehen.

Ernie wählte als Hauptfach Archäologie, ein Fach, das es in Kanada nicht gab. Die kanadische Regierung bezahlte sein Schulgeld und gestand ihm einen Lebensunterhalt zu, der ausgereicht hätte, wenn sie nicht als Jungvermählte den Wunsch gehabt hätten, sich ein paar Möbel zu kaufen. Arbeit war rar, aber der immer einfallsreiche Ernie ging von Tür zu Tür und bot sich für jede Gelegenheitsarbeit an – Anstreichen, Tapezieren, Gartenarbeit, Speicher- und Kellerräumung. Er stellte nie seine Arbeit in Rechnung, sondern bat nur, daß sie ihm geben sollten, was sie selbst als Lohn für seine Arbeit für richtig erachteten. In einer Zeit, da es für die Studenten keine Jobs gab, hatte er mehr zu tun, als ihm möglich war. Und er wurde gut bezahlt!

Erma war in einem Altersheim tätig, und es wurde ihr zum Entgelt ein winziges Appartement zur Verfügung gestellt. Als das erste Baby unterwegs war, gab Erma ihre Arbeit auf, und so waren sie ohne Wohngelegenheit.

Freunde halfen ihnen bei der Wohnungssuche, aber es gab fast überhaupt keine Möglichkeiten. Doug und Sue Scott fuhren den Sommer über weg und boten ihnen für diese Zeit ihr Haus an. Am Ende des Sommers hatten sie aber immer noch keine eigene Wohnung. Als die Scotts zurückkehrten, zogen sie einfach mit ein.

Mitte September wurde der Familie Klassen das erste Kind geboren. Mutter und Tochter kamen heim in den kleinen Raum, den sie im Haus der Scotts miteinander teilten. Schließlich bot ihnen ein Ehepaar aus dem College an, ihre geräumige Wohnung mit ihnen zu teilen. Jede Familie hatte ihr eigenes Schlafzimmer, Küche und Wohnzimmer hatten sie gemeinsam. Hier lebten Klassens die nächsten vier Monate. Dann endlich bekamen sie eine eigene Wohnung, wo sie bis zum Studienabschluß blieben.

Ernie kaufte für 65 Dollar ein altes Coupé und bewarb sich damit um einen amerikanischen Führerschein. Als der Polizist das Auto sah, spottete er: »Ich setz mich nicht in dieses alte Wrack! Fahren Sie damit einmal um den Block.« Das tat er, und dann wurde ihm gesagt: »Ich schätze, das haben Sie geschafft. Ich gebe Ihnen den Führerschein.«

Ernie hoffte, er könne das Coupé herrichten und etwas Geld damit verdienen. Dies war nämlich noch eine seiner

Verdienstmöglichkeiten – Gebrauchtwagen-Handel. Aber er machte dabei nicht immer Gewinn.

Beim Wheaton College konnten umliegende Gemeinden Prediger anfordern. Ernie stellte sich für solche Dienste zur Verfügung und nahm dankbar das Angebot einer Gemeinde in Joliet an, dort während seiner gesamten Studienzeit sonntagmorgens und -abends zu predigen. Er verbrachte mit seiner Familie den ganzen Tag dort, denn Joliet war etwa 50 Kilometer von Wheaton entfernt. Verschiedene Gemeindeglieder waren sehr gastfreundlich und nahmen sie an den Nachmittagen zu sich. Ihre Tochter Heather schien an den Predigten ihres Vaters Gefallen zu finden, denn sie saß ganz still und hörte aufmerksam zu. Joliet wurde ihnen zur Heimatgemeinde, und dort wurde Ernie schließlich ordiniert.

Fleißiges Studium brachte ihm im August 1950 den Hochschulabschluß.

*

Briarcrest in Saskatchewan und das New Brunswick Bibel-Institut hatten ihn beide als Bibellehrer angefordert, aber er hatte kein Interesse daran. Es hatte ihm Freude gemacht, während seiner Luftwaffenzeit Evangeliums-Feldzüge zu leiten, und er fühlte, daß seine Fähigkeiten und Interessen in diese Richtung gingen. Aber Ken Robins, der Direktor der New Brunswick-Bibelschule, wollte sein »Nein« nicht gelten lassen. Er war am Millar Memorial Bibel-Institut Lehrer gewesen, als Ernie dort studierte, und er wollte Ernie unbedingt in seinem Kollegium haben. Ken schrieb zurück, daß die Schulpflegschaft ihn einstimmig gewählt hatte. Sehr zögernd beschloß Ernie, es einmal zu versuchen.

Im September 1950 war ein Söhnchen zur Familie

Klassen hinzugekommen, so packten sie ihren Studebaker, luden den neugeborenen Darryl und die zweijährige Heather hinein und starteten, wobei sie einen Vierrad-Anhänger mit Möbeln angehängt hatten. Nach einer kurzen Autobahnstrecke stellte Ernie fest, daß der Anhänger sich nicht sehr gut mitschleppen ließ. 30 Stundenkilometer waren das sicherste Tempo, so fuhr er langsamer und machte sich auf eine sehr lange Fahrt gefaßt. Er fuhr 36 Stunden. Einmal nur fuhr er an den Straßenrand und versuchte hinter dem Steuerrad zu dösen, aber nach 10 Minuten träumte er, daß sie in den Straßengraben stürzen würden. Er schreckte auf und fand es nutzlos, weiterschlafen zu wollen.

Als sie im Staat New York ankamen, nahmen sie sich ein Zimmer, wo Erma die Windeln waschen und die Babynahrung zubereiten konnte. Dann waren sie wieder auf den Straßen. Auf der Fahrt durch die Berge von New Hampshire trafen sie auf Schnee. In Maine war es windig und regnerisch, und ihr Besitz auf dem Anhänger wurde naß. Zu allem Überfluß bekam der Anhänger einen platten Reifen. Aber zu diesem Zeitpunkt waren sie schon so erschöpft, daß Ernie den Anhänger einfach abkoppelte und parkte und sie ohne ihn nach New Brunswick weiterfuhren. Am nächsten Tag holte er ihn nach.

Klassens wurden im Wohnhaus der Bibelschüler untergebracht. Eine abgeschlossene Wohnung gab es dort jedoch nicht, und so war es Ernies erste Arbeit, ein Ende des Gebäudes abzuteilen und Wohnzimmer, Küche und zwei Schlafzimmer für sie einzurichten. Das Badezimmer teilten sie mit den Studenten.

Ernie fiel es schwer, sich in das Schulleben einzupassen. Das Einrichten der Wohnung kostete ihn viel Zeit, und das Studium war absolut vorrangig. Er hatte seine

Notizen aus der Bibelschule und verschiedene Predigt-Entwürfe, die er benützte. Aber in jedem Fach, das er lehrte, lag seine Betonung auf dem Praktischen. Jedes Wochenende war er mit einer Gruppe Studenten unterwegs, um zu dienen. Sie sangen und legten Zeugnis ab, dann predigte er. Dieses frische Erleben erwies sich anderntags in der Klasse als bedeutsamer, als zuviel Theorie. Die Studenten gewannen Erfahrung in christlicher Evangelisation.

Bei der Herbstkonferenz sprach Walter Wilson. Durch ihn wurde Ernie aufgefordert, seinen individuellen Stil des Zeugnisgebens weiter auszubauen. Er hatte schon damit begonnen, ihn zu entwickeln, aber er brauchte diesen zusätzlichen Anstoß, ihn zu vervollkommnen. Es gab noch eine andere Möglichkeit des Zeugnisses, als nur zu fragen, ob einer schon ein Christ sei. Sein Verantwortungsbewußtsein trieb ihn mitzuteilen, was Christus für ihn selbst getan hatte und auch für andere tun wollte.

Er begann, Anhalter mitzunehmen mit der gezielten Absicht, ihnen Jesus Christus vorzustellen. Da eine große Bibel auf dem Vordersitz lag, drängten sie sich an die Autotüre, um ihr nicht zu nahe zu kommen. Wenn Ernie sie erst einmal im Auto hatte, mußten sie ihm wohl oder übel zuhören. Nach dem Prinzip, daß man Fische erst anlocken müsse, ehe man sie fangen kann, begann er: »Es ist nur fair von mir, dich zu warnen. Ich bin Christ, und wenn der Herr Jesus auf die Erde zurückkehrt, was ich jederzeit erwarte, dann ist dies Auto ohne Fahrer.« Auf den besorgten Blick des Beifahrers hin fügte er hinzu: »Sei guten Mutes! Wenn du schnell das Lenkrad ergreifst und das Auto rettest, gehört es dir! Ich werde es ja nicht mehr brauchen.«

Nun hatte er die Aufmerksamkeit des Anhalters. »Es ist Weihnachtszeit, und die Leute bereiten sich auf die

Festlichkeiten vor. Im Alten Testament gibt es viele Prophezeiungen, die das erste Kommen Jesu auf diese Erde betreffen. Aber es gibt noch viel mehr Hinweise auf sein zweites Kommen. Da alle, die sich auf sein erstes Kommen beziehen, schon in Erfüllung gingen, können wir sicher sein, daß es so auch mit seinem zweiten Kommen der Fall sein wird. Er verspricht in seinem Wort, wiederzukommen und seine Kinder heimzuholen. Wir müssen jederzeit bereit sein.«

Ernie fuhr fort: »Wieviel besser wäre es, wenn du bereit wärst, mitzukommen! Dann würde keiner von uns beiden sich mehr um das Auto kümmern. Du kannst bereit sein und so sicher wie ich, wenn du Christus als deinem Erlöser vertraust. In Johannes 14, 6 sagt Jesus: ›Ich bin der Weg, die Wahrheit und das Leben. Niemand kommt zum Vater denn durch mich.‹«

Weil wir gerade vom Fischfang reden – einmal nahm er zwei Fischer mit ihrer ganzen Angelausrüstung mit. Einen gemeinsamen Anknüpfungspunkt suchend, sagte er zu ihnen: »Ich bin auch ein Fischer. Aber ich bin hinter größeren Fischen her als ihr!« – »Fischst du vielleicht Lachse?« – »Nein, noch größer!« Sie versuchten es zu erraten, doch dann sagte er ihnen: »Ich fange Fische, die so groß sind wie ihr! Ich bin nämlich ein Nachfolger Jesu und der sagte: Folget mir nach; ich will euch zu Menschenfischern machen (Mark. 1, 17). Ich möchte euch für den Herrn Jesus einfangen!«

Er war begeistert, daß einer von den beiden wirklich den Herrn annehmen wollte.

Ernie fand einzigartige Anwendungen der Schrift, so daß oft diejenigen ihr Herz öffneten, die sich bei der direkten Frage: »Bist du ein Christ?« verschlossen oder abgewendet hätten.

Aber nicht immer war er so ernst. Bei einer Versammlung sollten die vier Hauptredner ein Quartett singen. Am Samstagabend übten sie: »Diese Welt ist nicht mein Heim.« Zwei von ihnen hatten nie zuvor in einem Quartett gesungen, so daß es ihnen schwer fiel, ihre Partie zu beherrschen, und sie lachten viel über die Fehler, die sie dabei machten. Ungefähr 800 Menschen versammelten sich am Sonntag zum Hauptgottesdienst. Als die Männer aufstanden, um zu singen, bemerkten sie, daß der Pianist sich vor Lachen schüttelte, weil er an die Mißtöne am Vorabend dachte. Das verursachte eine Kettenreaktion, und sie alle brachen in Gelächter aus. Sie versuchten es ein zweites Mal, aber sie konnten einfach nicht aufhören zu lachen. Diese besondere Musikeinlage wurde lange nicht vergessen.

*

Im Frühling 1952 entschied er sich für einen anderen Dienst. Eine Gemeinde in Chipman, New Brunswick, bat ihn zu kommen, und er nahm an. Die Familie zog zum achtenmal um – Keith war erst einen Monat alt. Allmählich wußte es Erma – bei einem neuen Baby gab es auch einen Umzug.

Die Arbeit in dieser Gemeinde ging langsam und entmutigend vor sich. Ernie kämpfte darum, die Leute für Evangelisation und geistliches Wachstum zu interessieren, aber es gab nicht viel Resonanz. Wie gewöhnlich machte er eine Menge Hausbesuche, um die Leute dort, wo sie waren, anzusprechen, und er spielte mit den Jugendlichen Ball. Roberta Wood erinnert sich, daß Pastor Ernie ihr das Autofahren beibrachte. Ihr eigener Vater war dazu nicht tapfer genug. Ernie liebte junge Leute und fand besonderen Anklang bei ihnen.

Bei seiner ersten Beerdigung hielt er eine evangelistische Ansprache. Daß er nicht wußte, wo er sich hinstellen und was er zur rechten Zeit tun sollte, war nervenaufreibend für ihn. Zeremonien waren nicht seine Stärke! Nach einem Jahr gab er die Pastorenstelle auf.

*

Die New Brunswick-Bibelschule bat ihn, als ihr Reisedienstprediger zurückzukommen – eine Arbeit ohne festes Einkommen. Aber es bedeutete gleichzeitig, ein vollzeitlicher Evangelist zu sein, und das gefiel Ernie.

Erma und die Familie richteten sich dankbar in einer mietfreien Hütte nahe dem Bibelschul-Gelände ein. Nun mußten sie nur aus dem Glauben leben von dem, was bei den Kollekten der Evangelisations-Feldzüge zusammenkam. Ernie reparierte den morschen Fußboden, stellte Fässer unter die Dachtraufe und schloß in der Küche eine Wasserpumpe an, um »fließendes Wasser« zu haben. Der Kamin reichte nicht bis ganz herunter und die Abzugsrohre des Kohleofens wurden sehr heiß. Es bestand echte Brandgefahr, und dabei war Erma oft mit den drei Kindern allein. Aber Gott beschützte sie. Während dieser Zeit bekam Darryl rheumatisches Fieber und war sechs Wochen lang krank. Er erholte sich wieder und hatte – später in Deutschland – nur einen kurzen Rückfall. Als die Klassens ein Jahr später auszogen, wurde die Hütte in einen Hühnerstall umfunktioniert und bald brach der Boden völlig durch.

Ernie war von dem Dienst begeistert. Er begab sich auf ein neues Gebiet: Er wollte ungläubige Ehemänner erreichen. Eine Methode dabei war, ihren Frauen zu sagen:

»Ich will deinen Mann antreffen, und deshalb möchte

ich gern zum Mittagessen kommen. Sag ihm nichts davon, sonst kommt er nicht heim, weil er den Prediger nicht antreffen will. Das wird mir eine Chance geben, mit ihm zu sprechen.«

Daß er es so anpackte, erwies sich als wirkungsvoll, und in einer Gemeinde bekehrten sich neun Ehemänner. Als nächstes versuchte er, sie in die Versammlungen zu bekommen, indem er ihnen anbot, sie abzuholen. Sein dritter Schritt war, daß sie öffentlich ihre Entscheidung, Jesus nachzufolgen, bekennen sollten. Beim Schlußgottesdienst einer Evangelisation pflegte Ernie zu sagen:

»Alle, die in dieser Woche gläubig wurden, sollen aufstehen!« Dann ermutigte er sie weiter: »Sagt den Leuten, daß ihr nun Christen seid – auch wenn ihr nur sagt: ›Ich bin diese Woche gerettet worden.‹ Die drei Schritte – Bekehrung zu Hause – Gottesdienstbesuch und öffentliches Bekenntnis – funktionierten. Zahlreiche Gemeinden wurden so gesegnet und waren später bereit, Ernie in seinem missionarischen Abenteuer zu unterstützen.

Aber nicht immer war er erfolgreich. Er sprach mit zwei ungläubigen Männern, deren Frauen Christinnen waren, und forderte sie auf: »Gebt Gott eine Chance, sagt ihm: ›Gott, wenn du etwas in meinem Leben tun willst, will ich dir die Gelegenheit dazu geben.‹«

Einer von ihnen erwiderte: »Ich weiß schon, was geschehen würde, wenn ich das tun würde. Wenn ich Gott eine Chance geben würde, dann würde ich Christ werden!«

In einem Haus war der Ehemann extrem widerspenstig. Er wäre sicher nicht heimgekommen, wenn er gewußt hätte, daß Ernie da war. Er hatte sechs Kinder. Nach dem Essen sagte Ernie:

»Du sorgst für die körperlichen Bedürfnisse deiner

Kinder – Nahrung, Kleidung und Unterkunft. Aber es gibt noch einen andern Aspekt im Leben – ihre geistlichen Bedürfnisse. Du als Priester der Familie hast eine Verantwortung für sie.«

Man diskutierte hin un her, und zum Schluß sagte Ernie: »Warum gehen wir nicht auf unsere Knie und beten miteinander?« Er hatte nicht immer den Mut, dies zu sagen. Aber er wußte, knienden Menschen kann man nicht ins Gesicht schauen, und so konnten sie ihre Verlegenheit verbergen. Der Mann kniete sich willig nieder, als Ernie betete und den Herrn bat, in sein Leben zu kommen. Die Veränderung wurde deutlich. Er galt von diesem Zeitpunkt an als ein regelmäßiger Gottesdienstbesucher.

Ernie erinnert sich an einen humorvollen Vorfall aus jenen Tagen. Er traf einen einfachen, ungelernten Waldarbeiter, der täglich mit seinem Ochsenpaar in den Wald fuhr, um eine Ladung Holz zu holen. In einer Versammlung stand dieser Mann auf, um ein Zeugnis zu geben und zitierte Paulus aus dem 1. Timotheusbrief 1, 15. Er begann: »Zuverlässig ist das Wort und aller Annahme wert, daß Jesus Christus in die Welt gekommen ist, um Sünder zu retten, unter denen ich . . .« Er brach ab. Nachdenklich fügte er hinzu: »Ich war nie schlau genug, um irgendwo der Erste zu sein – nicht mal der erste unter den Sündern.«

Die meisten Leute, denen Ernie diente, waren Fischer oder Holzarbeiter, die gut auf seine Methoden reagierten. Er freute sich sehr über seinen Beruf, aber Gott hatte andere Pläne mit ihm.

Ausreise nach Deutschland

Im Jahr 1954 wurde John Parschauer, ein Lehrer der New Brunswick-Bibelschule, von einem Abgesandten der ›Greater Europe-Mission‹ gefragt, ob er bereit wäre, eine Bibelschule in Deutschland gründen zu helfen. Er war bereit und schlug vor, daß man auch Ernie fragen sollte. Ernie und Erma willigten ein. Sie hatten sich zuvor bei der Evangelical Alliance Mission für Japan beworben – als ihre Antwort auf General McArthurs Ruf nach 2000 Missionaren für dieses Land. Die Missionsgesellschaft meinte jedoch, daß Ernie mit 35 Jahren für das Erlernen der japanischen Sprache schon zu alt war und schlug wegen seiner niederdeutschen Abstammung vor, nach Holländisch-Rhodesien zu gehen. Doch Ermas Gesundheit war für das Klima dort nicht robust genug. Sie hatten diese Ergebnisse aus der Hand des Herrn genommen und erkannt, daß es auch zu Hause ein weites Missionsfeld gab. Gerade zu diesem Zeitpunkt wurden sie gefragt, ob sie nach Deutschland gehen wollten.

Ernie sagte zum Herrn: »Wenn DU eine Türe öffnest, bin ich willens, zu gehen.« Er erinnerte sich an Paulus in Apostelgeschichte 16, der eine bestimmte Richtung einschlagen wollte, aber der Heilige Geist gebot ihm Einhalt. Dann versuchte er eine andere Richtung, aber der Heilige Geist stoppte ihn wieder. Zuletzt hörte er den Ruf »Komm herüber nach Mazedonien und hilf uns!«

Unterstützung zu sammeln war der erste Schritt in dieser Richtung. Die Mission forderte 325 Dollar monatlich für zwei Erwachsene und drei Kinder. Ernie hatte eine Menge Kontakte und stellte sofort Deutschland als Missionsfeld vor. Zusätzlich machte er eine Schallplatte und verteilte sie an Leute, die bereit waren, für die Familie zu beten. Obwohl ihm das Singen nie so leicht fiel wie das Predigen, hatte er gelegentlich Solos gesungen. Das eine Lied »Schiff ahoi!« war sehr beliebt, und dreißig Jahre später bitten ihn die Leute immer noch, dieses Lied zu singen.

Sie fuhren westwärts, um ihre Familien zu informieren, und hielten Versammlungen, wo immer sie eine offene Tür fanden. Mutter Klassen glaubte fest an die Wichtigkeit der Mission. Sie sagte, es wäre ihr lieber, wenn ihre Kinder 10 000 Meilen entfernt von zu Hause dem Herrn dienten, als wenn sie zu Hause wären, aber nur sich selbst lebten. Im Oktober 1954 gab es bei der Familie Klassen eine Abschieds-Party. Linda kehrte zum drittenmal nach Afrika zurück. Gladys, die jüngste Schwester, die nach Indien ging, und Ernie, der nach Deutschland aufbrach, gingen zum erstenmal auf das Missionsfeld. Statt Bedauern oder Sorge zu empfinden, waren A. R. D. und Margaret glücklich über diesen Entschluß ihrer Kinder.

Das Reisen mit drei Kindern war schwierig. Um dem etwas abzuhelfen, brachte Ernie ein Brett an, das vom Vordersitz bis zum rückwärtigen Fenster den Wagen abteilte. Mit einer Decke bedeckt, wurde dies ein gemütliches Bett für zwei, während das dritte Kind einen Sitzplatz hatte. Darunter waren die Koffer verstaut.

Da Heather nun im Schulalter war, blieben sie von Januar 1955 an sieben Monate in Houlton, Maine, bis sie nach Deutschland abreisten.

Die Mission bemühte sich sehr, für Klassens Unterstützung zu finden. Als sie erfuhren, daß es in Pennsylvania eine Gemeinde gab, die willens war, einen Europa-Missionar zu unterstützen, baten sie Ernie, sie dort zu vertreten. Er war bereit und fuhr 600 Meilen weit, um zu predigen.

Als er unterwegs durch Connecticut fuhr, stotterte der Wagen und blieb stehen. Obwohl die Tankanzeige nicht auf leer stand, war er ziemlich sicher, daß das Benzin zu Ende war. Von einem nahegelegenen Haus rief er eine Tankstelle an, die jemand mit einem Benzinkanister schickte. Um keine Gelegenheit für ein Zeugnis auszulassen, bemerkte Ernie:

»Ich weiß nicht, was da geschehen ist – die Benzinuhr zeigt an, daß der Tank noch zu einem Viertel gefüllt ist. Die einzige Erklärung, die ich dafür habe, ist, daß Gott damit etwas beabsichtigt. Die Bibel sagt: ›Der Herr hat Freude an einem redlichen Menschen und lenkt alle seine Schritte‹ (Ps. 37, 23). Vielleicht sollte ich diesen Vers ein bißchen abändern und sagen: Die Fahrtunterbrechungen eines guten Mannes werden von Gott gelenkt. Nun halte ich mich nicht für einen guten Mann, weil ich etwa besser wäre als Sie, sondern weil mir die Gerechtigkeit Jesu Christi zuteil wurde. Sind Sie bereit, dem Herrn zu begegnen?«

Mit einem erstaunten Blick erwiderte er:

»Ist das nicht sonderbar? Ich habe als Soldat in Korea dem Tod ins Gesicht geschaut und hatte Angst zu sterben. Dann kam ich heim, und eines Tages, als ich in der Tankstelle arbeitete, kam ein Mann und sprach mit mir. Plötzlich legte er die Hand auf die Brust und fiel mit einem Herzanfall tot zu Boden. Sofort kam mir die Frage: ›Wie, wenn das jetzt mich getroffen hätte?‹ Und jetzt, wie ein Blitz aus heiterem Himmel, fragen Sie mich, ob ich bereit bin, Gott zu begegnen. Nein, das bin ich nicht.«

Ernie war froh, daß er diesem bereitwilligen Zuhörer den Heilsplan Gottes erklären durfte. Er schloß mit den

Worten: »Wenn Sie bereit sind, Jesus Christus gerade jetzt aufzunehmen, dann geben Sie mir Ihre Hand, während wir zusammen beten, und bezeugen Sie dadurch Ihre Übergabe.«

Als er seine Hand ausstreckte, ergriff der Tankwart sie ohne Zögern. Sie beteten zusammen, und Ernie setzte seine Fahrt fort, voll Freude darüber, daß der Herr diesen Vorfall dazu benutzt hatte, um wieder jemanden zu erretten.

Die Gemeinde hatte geglaubt, er käme direkt von New Brunswick, New Jersey, und war erstaunt und beeindruckt, als sie erfuhren, wie weit er gereist war, um zu ihnen zu sprechen. Er erzählte sein Erlebnis mit dem Tankwart. Die Gemeinde war von dieser Geschichte sehr beeindruckt. Dies, zusammen mit Ernies Herzensfreude, jemand gerade zum Herrn geführt zu haben, öffnete seinem Dienst in dieser Kirche die Türen weit.

Der Mann, in dessen Heim Ernie unterkam, war ein Ältester in der Gemeinde. Am Montag erwähnte Ernie, daß er nach einer Schreibmaschine suchte. Der Älteste war mit einem Geschäftsmann bekannt, der Gebrauchtwaren verkaufte, und sie gingen zusammen hin. Er hatte nicht das, was Ernie wollte, doch bevor sie wieder weggingen, fragte Ernie ihn nach seiner Beziehung zu Gott. Innerhalb der nächsten halben Stunde nahm der 72-jährige Geschäftsmann den Herrn an. Das beeindruckte den Ältesten sehr.

»Da kommen Sie in eine ganz fremde Gegend und sind nur einen Tag lang da und bringen einen Mann, der all die Jahre lang hier lebte, zur Bekehrung. Und er war willens, ja hat geradezu darauf gewartet, etwas über Christus zu hören!«

Unnötig zu sagen, daß die Gemeinde danach die Familie Klassen regelmäßig unterstützte. Sie sandten nicht nur treu ihre monatliche Unterstützung, sondern auch Geburtstags- und Weihnachtsgeschenke für die ganze Familie. Ernie versichert heute noch, daß es Vorteile hat, wenn einem das Benzin ausgeht.

Nachdem er 15 Monate umhergereist war, war die Unterstützungssumme immer noch nicht vollständig. Schließlich wandte er sich an die Missionsgesellschaft:

»Wir haben die volle Summe noch nicht ganz beeinander, aber wenn ihr uns abreisen lassen wollt, sind wir bereit, dem Herrn für den Rest zu vertrauen.«

Die Missionsgesellschaft war einverstanden. Klassens hatten die Arbeit so vielen Menschen vorgestellt, daß sie viel Gebetsunterstützung erhielten, obwohl die finanzielle Unterstützung noch nicht ausreichte. Die Mutter eines kleinen Mädchens sagte Ernie:

»Unsere Tochter betet viermal am Tag für euch – zu jeder Mahlzeit und beim Schlafengehen.« Mit 13 Jahren betete sie immer noch täglich für ihn. Er schätzte solche Gebete hoch.

*

Klassens reisten nach New York und schifften sich auf der Equitania ein. Bei glühender Julihitze verbrachten sie einige Tage im Gästehaus der Sudan Inland Mission. Endlich kam der Abreisetag, ein Samstag, und die Familie ging an Bord. Nachdem sie sich in ihrer Kabine eingerichtet hatten, suchte Ernie die Leute auf, die für die geselligen Aktivitäten verantwortlich waren, und bot seine Hilfe für religiöse Programme an:

»Möchten Sie am Sonntagmorgen einen Gottesdienst leiten?« boten sie ihm an.

»Aber sicher!«

»Weil Sie als erster zu uns gekommen sind, übertragen wir Ihnen die Verantwortung für diese Sache während der ganzen Reise.«

Ernie schlug vor, jeden Abend einen Gottesdienst zu halten.

Da dies über den Lautsprecher angekündigt wurde, war jedermann informiert. Die Leute kamen auch in seine Kabine, und einige nahmen den Herrn an. Er war sehr beschäftigt im Dienst während der ganzen Ozeanüberquerung.

Weil er für die Dauer der Reise solche Verantwortung auf sich genommen hatte, gehörten er und Erma zu den wenigen, die eingeladen wurden, mit dem Kapitän zu speisen. Einige andere Passagiere wurden am Nachmittag mit einbezogen, und Ernie hatte wieder eine hervorragende Möglichkeit, das Evangelium anzubieten.

Wegen der Seekrankheit konnte die Familie nur selten gemeinsam die Mahlzeit einnehmen. Erma war besonders vom Auf und Nieder des Schiffes betroffen. Ernie bedauerte sehr, daß sie nicht viel von dem Essen genießen konnten, das sie doch bezahlt hatten. Doch eines Tages saßen sie alle zusammen im Speisesaal, als der dreijährige Keith, der sich nicht wohlfühlte, sagte: »Ich möchte mich in meiner Kabine niederlegen.«

Nachdem sie sich vergewissert hatten, daß er den Weg dorthin wußte, erlaubten sie ihm zu gehen. Aber als sie später ihre Kabine betraten, war Keith nicht da! Voller Sorge suchten sie nach ihm – vergeblich. Auch eine Suchmeldung über den Bordlautsprecher blieb erfolglos. War er über Bord gefallen? Erma war außer sich vor Angst.

Endlich kam am Spätnachmittag ein Anruf aus dem Büro des Proviantmeisters, daß Keith dort war. Er genoß ein Glas Orangensaft und wartete darauf, abgeholt zu werden. Der Proviantmeister konnte nicht erklären, was geschehen war, nur, daß eine Dame ihn abgeliefert hatte.

An diesem Abend trat auf ihrem Weg zum Abendessen eine Dame an sie heran und rief:

»Ist das Ihr Junge? Als ich nach dem Mittagessen in meine Kabine kam, lag er tief schlafend in meinem Bett.« Anscheinend war er durch die erste unverschlossene Türe gegangen, hatte sich hingelegt und war fest eingeschlafen. Sie hatte gewartet, bis er aufwachte, dann hatte sie ihn zum Proviantmeister gebracht.

*

Am Spätnachmittag des 2. August landete das Schiff in Bremerhaven bei kaltem, feuchtem Wetter. Nachdem es in New York so heiß gewesen war, drängte sich die Familie schaudernd aneinander und mußte bis 9 Uhr abends warten, bis ihr Gepäck endlich abgeladen war. Jim Mignard, ein Missionars-Kollege, war gekommen, um sie abzuholen. Sie beluden das Auto und quetschten sich hinein. Ihr Plan war, direkt nach Bensheim durchzufahren, 15 Stunden weit, wo Parschauers ein großes Haus gemietet hatten. Aber nach einer Stunde war Erma so reisekrank, daß sie sich entschlossen, in Bremen in einem Hotel zu übernachten.

Nach vielem Suchen mußten sie erkennen, daß der Polizist recht gehabt hatte, der ihnen sagte, daß jedes Hotel in der Stadt ausgebucht war. Um 1 Uhr nachts wurden sie sehr mutlos. Da sah Ernie ein Zeichen, das, wie er wußte, »Polizei« bedeutete. Er ging hinein und fragte in seinem besten Deutsch, ob sie ihm nicht raten könnten, wie man zu einer Übernachtung käme. Ja, wenn sie wollten, könnten sie in den beiden leeren Zellen übernachten. Und ob sie wollten!

Erma und die Kinder blieben in einer Polizeizelle und Jim und Ernie in der anderen. Die Zellen waren dunkel und schmutzig, aber der Wärter war so rücksichtsvoll, für Ermas Bett nach einem weißen Bettlaken zu suchen. Es war nur ein Stück von einem Bettuch und zu klein, aber Erma fühlte sich zu elend, als daß es ihr etwas ausgemacht hätte. Sie schliefen alle gut und waren am nächsten Morgen sehr froh, daß die Türen offen waren und sie hinaus konnten. Zum Frühstück bekamen sie schweres schwarzes Brot und schwarzen Kaffee angeboten. Erma wünschte Toastbrot, und die Kinder wollten Trinkwasser, aber so etwas stand nicht zur Verfügung. Ernie dachte an den Apostel Paulus, der wahrscheinlich auch die örtlichen Gefängnisse, nicht die Hotels, ausprobiert hatte, wenn er zum Evangelisieren auszog – er wußte, daß er eher dort als anderswo landen würde. Eine Nacht im Gefängnis trübte das Ziel ihrer Mission nicht, und der Rest der Fahrt verlief ohne besondere Ereignisse. Irgendwann in der nächsten Nacht erreichten sie Bensheim.

Die Missionsgesellschaft hatte ein großes Haus gemietet, wo die Bibelschule und die Missionare untergebracht werden sollten. Klassens ließen sich in einigen netten Mansardenzimmern nieder. Sie hatten per Schiff einige Dinge mitgebracht, die im Nachkriegsdeutschland teuer und schwer zu erhalten waren – einen Kühlschrank, eine Waschmaschine und Doppelbetten. Da Erma überhaupt kein Deutsch sprach, kaufte Ernie die Lebensmittel ein. Aber Erma war sich bald selbst überlassen. Da Ernies Mutter sehr selbständig gewesen war, fiel es ihm nicht auf, daß Erma sich schwer tat, alles allein zu »managen«. Während er auf den Straßen war, um zu evangelisieren, rang sie mit einer fremden Kultur, einer neuen Sprache und mußte mit drei lebhaften Kindern zurechtkommen.

Ins Wasser geworfen!

Klassens waren erst einige Tage in Deutschland, als Ernie einen Anruf von Reinhold Barth von »Jugend für Christus« bekam. Er wußte, daß Ernie etwas Deutsch sprach und sagte ihm, daß sie in Kirchlengern in Norddeutschland ein Zelt aufgestellt hatten, aber keinen Evangelisten hatten. Der angekündigte Prediger war wegen Krankheit verhindert.

»Wir brauchen dich als Evangelisten!« Sie waren ganz verzweifelt. Aber Ernie konnte sich nicht vorstellen, wie das gehen sollte.

»Nein, ich kann nicht, ich habe noch nie auf Deutsch gepredigt.« Aber Reiny bestand darauf, bis Ernie endlich einwilligte.

So fuhr er, nachdem er erst vor 10 Tagen in Deutschland angekommen war, nach Norden, um eine dreiwöchige Evangelisation zu leiten. Der Zug war überfüllt. Endlich sah er etwas Platz – es war eigentlich der Speisewagen – an einem Tisch. Ernie entdeckte den Kellner.

»Bitte, darf ich hier sitzen und meine Bibel lesen? Ich muß heute abend predigen und will noch etwas studieren.«

»Natürlich«, stimmte der Kellner zu, »bestellen Sie nur eine Tasse Kaffee, dann können Sie sitzen bleiben und studieren.«

Nach einer kurzen Unterhaltung mit dem Kellner bekam er Kaffee und ließ sich nieder. Er saß noch nicht sehr lange dort, als ein Ehepaar sich ihm gegenüber setzte und etwas zu trinken bestellte. Nachdem sie bedient worden waren, sagte Ernie zu ihnen:

»Sie trinken jetzt, aber Sie werden bald wieder durstig sein. Aber ich lese in diesem Buch, daß den, welcher von jenem Wasser trinkt, nie mehr dürsten wird. Jesus bietet uns das Wasser des Lebens an.«

Der Kellner stand um die Ecke und hatte zugehört. Als er sah, daß das Ehepaar ausgetrunken hatte und Ernie mit seiner Predigt fertig war, sagte er ihnen, sie sollten nun für andere Platz machen. Aber er winkte Ernie, er solle sitzen bleiben. Bald darauf kam ein anderes Paar und bestellte etwas zu essen. Ernie sprach wieder:

»Sie essen jetzt, aber bald werden Sie wieder Hunger haben. Ich lese jedoch in diesem Buch, daß Jesus Christus das Brot des Lebens ist, und wenn wir teilhaben an ihm, werden wir nie mehr hungern.«

So sprach er mit ihnen über Jesus als Brot des Lebens. Dies wiederholte sich mehrmals auf dieser achtstündigen Fahrt. Der Kellner winkte ihm immer zu, seinen Platz zu behalten, und sooft andere Reisende sich zu ihm setzten, sprach er zu ihnen von dem Brot und dem Wasser des Lebens.

Es war gut für ihn, seinen christlichen Wortschatz in einem Gespräch von Mensch zu Mensch zu erproben, ehe er predigen mußte. Diese Erfahrung gab ihm Mut für seinen dreiwöchigen Evangelisationsfeldzug. Er hatte Schwierigkeiten mit der Sprache, aber die Menschen waren sehr höflich und hilfsbereit. Jeden Abend war das Zelt vollbesetzt. Wenn er in seiner Predigt steckenblieb und mit seinem Wortschatz am Ende war, fragte jemand von seinen Zuhörern: »Ist es dies, was Sie sagen möchten?« Wenn er nicht sicher war, probierte es jemand anders: »Vielleicht möchten Sie das sagen?«

»Ja, genau das!« Alle halfen ihm beim Predigen. Jeder horchte so gespannt zu, daß es ihm zu Kopf stieg: »Ich muß ein hervorragender Prediger sein, weil sie alle so aufmerksam zuhören«, dachte er.

Nach einiger Zeit fragte er jemanden: »Warum hören all diese Leute so gut zu?«

»Weil wir versuchen herauszubekommen, was Sie uns zu sagen versuchen«, war die demütigende Antwort. Dennoch segnete Gott seine stammelnden Bemühungen, und viele Menschen bekehrten sich. Es gab 125 schriftlich festgehaltene Entscheidungen für Jesus, und es war eine echte Zeit der Erweckung. Später wurde in Kirchlengern eine Gemeinde gegründet. Zwei aufrichtige, doch unerfahrene junge Leute halfen ihm – das Mädchen mit Musik und der Junge mit Kinderarbeit. Später besuchten beide die Bibelschule.

Ernie wohnte bei einem deutschen Ehepaar. Der Mann ging jeden Morgen früh zur Arbeit. Um 6 Uhr morgens saß die Frau schon bei ihrer Heimarbeit – Zigarrendrehen. Es gab eine Menge großer Zigarrenfabriken in diesem Gebiet, und viele Frauen verdienten sich mit dieser Heimarbeit ein bißchen zusätzliches Geld. Sie arbeiteten den ganzen Tag ohne Pausen. Als Ernie ankam, fragte seine Gastgeberin, was er zum Frühstück wünsche. Er sagte, ein Ei wäre nicht schlecht. So bekam er jeden Morgen um 8 Uhr sein Frühstück. Sie hatte das Ei gekocht, ehe sie an die Heimarbeit ging – inzwischen war das Ei kalt geworden. Zu dem Ei gab es schwarzen Kaffee und schwarzes Brot, da Weißbrot rar war.

Sie hatten einen alten Kohleofen, ähnlich einem Campingofen – mit einer Öffnung oben für einen Topf. Das Mittagessen wurde in diesem Topf gekocht. Jeden Morgen, ehe sie mit der Heimarbeit begann, gab die Frau Gemüse und vielleicht etwas Fleisch in den Topf. Das dünstete bis Mittag vor sich hin. Es war ihre Hauptmahlzeit. Zum Abendessen gab es Brot mit Wurst oder Käse, wenn sie es sich leisten konnten. Er wohnte die ganzen drei Wochen bei ihnen, und sie besuchten die Versammlungen regelmäßig. Sie machten jedoch keine Aussage, daß sie ihrer Erlösung gewiß seien.

Den ganzen Tag über machte Ernie Besuche. Er ging von Tür zu Tür oder sprach in Schulen im Religionsunterricht. Der Ortspfarrer und seine Helferin waren gewöhnlich schon vor ihm da und warnten die Leute vor seiner Lehre. Aber das trug nur dazu bei, die Leute auf den Kanadier neugierig zu machen. Er wurde meistens sehr gut aufgenommen.

Ernie bekam die Aufforderung, einen ganz besonderen Besuch zu machen und zwar bei einer verkrüppelten Frau, die schon 38 Jahre lang bettlägerig war. Sie versicherte ihm, daß sie für seine Evangelisation gebetet hatte. Sein Besuch segnete und ermutigte sie, aber auch er wurde dadurch sehr ermutigt. Ernie spürte, daß ihre Gebete wahrscheinlich zu einem großen Teil zu dem Segen während dieser Wochen beigetragen hatten.

Er predigte darüber, was es heißt, Christ zu werden (nämlich durch eine »neue Geburt« – Joh. 3) und Christ zu sein. In der Kirche des Ortes lag sonst die Betonung mehr darauf, daß es wichtig sei, wie ein Christ zu handeln. Am Schluß jedes Gottesdienstes forderte er seine Hörer auf, nach vorne zu kommen zu einem öffentlichen Bekenntnis. Obwohl man ihm gesagt hatte, daß dies in Deutschland nicht üblich sei, empfand er dies als einen notwendigen Schritt. Natürlich oblag ihm auch die ganze Seelsorge. Wenn zwanzig oder mehr Leute vortraten, predigte er noch eine kurze biblische Botschaft und ließ sie ein Gebet nachsprechen. Dann fragte er, ob sie verstanden hätten und sich ihrer Entscheidung gewiß wären. Wenn nicht, dann sprach er noch persönlich mit ihnen. Doch die meisten hatten verstanden, worum es ging. Am Ende der drei Wochen wünschten viele, daß er länger bliebe, und er wünschte sich das auch, denn der Segen Gottes strömte reichlich. Aber in Bensheim war eine Missionskonferenz angesetzt, und Erma war allein daheim. So beendete er die Evangelisation und kehrte heim.

*

Die Schule mußte für die Bibelschüler eingerichtet werden. Nachdem sie das Gebäude gereinigt hatten, statteten sie es mit Betten aus, mit Kleiderschränken, Stühlen, Pulten usw. Der Unterricht begann mit der Herbstkonferenz. Ein Ortspfarrer verkündete die Frohe Botschaft und John und Ernie sprachen auch. Manche Leute kamen von ziemlich weit her. Etliche brachten Bibelschüler mit. Andere kamen nur aus Neugier. John, Ernie und Sprecher von »Jugend für Christus« hatten die Nachricht verbreitet, daß im Herbst der Unterricht auf der Bibelschule beginnen würde. Etwa 100 Menschen versammelten sich, und der Unterricht fing mit 13 Bibelschülern an.

Sie verlangten 75 DM monatlich für Kost und Logis. Unterrichtsgebühr wurde nicht erhoben. Die Bibelschüler waren sehr gewissenhaft, und Ernie unterrichtete gerne. Im Unterricht gab es manchmal viel Heiterkeit über sein Deutsch.

Es war immer Lachen und Singen in dem großen Haus zu hören. Ein Arzt, der auf der anderen Straßenseite wohnte, kam eines Tages von Neugier getrieben herüber und wollte wissen:

»Wer seid ihr und was tut ihr? Ich höre euch so viel lachen, und die jungen Leute scheinen so glücklich zu sein.«

»Wir sind eine Bibelschule«, erklärte Ernie, »und wir geben Bibel-Unterricht.«

»Aber es gibt so viele Widersprüche in der Bibel.«

»Ich merke, Sie sind kein Freund der Bibel.«

»O doch!« protestierte er.

»Ich denke nicht. Wenn meine Frau käme und ich würde sie Ihnen vorstellen und dann anfangen, Ihnen lauter negative Dinge über sie zu berichten, dann würden Sie denken: ›Er hat seine Frau nicht sehr gern.‹ – Genau so sind Sie mit der Bibel verfahren. Nachdem Sie aber nun schon einmal festgestellt haben, daß es Widersprüche in der Bibel gibt – wo sind diese?«

Etwas verblüfft begann er: »Sagt die Bibel nicht irgendwo, ihr sollt ein Licht auf einen Kerzenleuchter stellen – und anderswo sagt sie, ihr sollt es unter einen Eimer stellen?«

»Wo finden Sie diese Aussagen?« beharrte Ernie.

»Das weiß ich nicht genau.«

»Schön, ich kann Ihnen helfen. Lassen Sie es mich Ihnen vorlesen.« Dann fügte er hinzu: »Sie sollten sicher sein, daß Ihre Feststellungen genau stimmen – besonders als Arzt.«

Ernie diente als Kassenwart und Geschäftsführer für die Bibelschule. John Parschauer war der Direktor. Wie immer war Ernie jedes Wochenende auf Straßenevangelisation.

Die Studenten überraschten ihre ausländischen Lehrer durch Geburtstags-Ständchen. Alle Schüler versammelten sich vor dem Fenster des Geburtstagskindes und sangen das Lieblingslied des Lehrers. Ernies Lieblingslied war »Es erglänzt uns von ferne ein Land«. Obwohl er in späteren Jahren protestierte und kundgab, daß er eine Menge Lieder mochte – dies eine blieb ihm erhalten.

Einen deutschen Führerschein zu bekommen, ist keine einfache Angelegenheit. Ernie mußte Theorie und Straßenverkehrsregeln lernen. Er besaß einen Wagen – der Fahrlehrer nicht! Als es Zeit für die Prüfung war, fuhr der Fahrlehrer mit ihm zur nächstgelegenen Großstadt – Darmstadt. Sie fuhren durch Darmstadt und kamen an einen Eisenbahnübergang. Die Lichter blinkten rot, doch Ernie konnte sehen, daß der Zug einen halben Kilometer entfernt auf dem Geleise hielt. So fuhr er hinüber. Drüben stoppte ihn sofort ein Polizist. Er fragte, was mit Ernie los sei, ob er nicht die roten Lichter gesehen hätte. – »Ja«, erklärte Ernie, »Ich sah die Lichter, aber ich sah auch den Zug und wußte deshalb, daß ich sicher die Geleise überqueren könne, und das tat ich.« Er fügte hinzu, daß er dabei war, seinen Führerschein zu machen. Nachdem der Polizist ihm erklärt hatte, daß man in Deutschland so etwas nicht tut, ließ er ihn fahren. Der Fahrlehrer saß einfach daneben und wußte nicht, was er sagen sollte. Während der Prüfung machte der Prüfer die Bemerkung, daß die Amerikaner meist viel höflichere Fahrer seien als die Deutschen. Ernie wurde eine Frage vorgelegt, für die es anscheinend keine eindeutige Lösung gab. Es ging um zwei Autos im Kreisverkehr, die beide Vorfahrt zu haben schienen. Welches sollte zuerst losfahren? Ernie war verblüfft. Endlich sagte er:

»Das kommt darauf an, ob es ein deutscher oder ein amerikanischer Fahrer ist. Ein Deutscher hat Vorfahrt.« Der Prüfer lachte und ließ es ihm durchgehen. Nur ein Ausländer konnte mit so etwas durchkommen!

Lehrer und Schüler besuchten regelmäßig ein Flüchtlingslager in der Nähe von Bensheim, um dort Gottesdienste abzuhalten. Für Ernie war auch angesichts der Flüchtlingsnot die Seele des Menschen das wichtigste, danach erst der Leib. Und so predigte er das Evangelium mit großem Freimut, und die Menschen kamen herbei und hörten ihm zu. Pakete mit gebrauchter Kleidung aus Amerika, die sie für die Flüchtlinge mitgebracht hatten, ließ er durch die Lagerleitung verteilen. Andere christliche Organisationen, die solche oder ähnliche Gaben selbst verteilten, wurden meist nicht gern gesehen, wenn sie ein anderes Mal mit leeren Händen kamen und lediglich predigen wollten. Ernies Theologie aber war: »Trachtet zuerst nach dem Reich Gottes und nach seiner Gerechtigkeit, so wird euch das übrige alles zufallen« (Matth. 6, 33).

*

Zum zweiten Schuljahr kamen 28 Bibelschüler, und ein weiteres Gebäude wurde gemietet. Klassens zogen in die Wohnung im 2. Stock um. Und im August 1956 vergrößerte sich ihre Familie um ihr viertes Kind, Paul.

Da die Schule absichtlich an Sonntagen keine Aktivitäten plante, um Konflikte mit den Ortskirchen zu vermeiden, hatte Ernie an den Sonntagen frei. Er wurde gebeten, bei zwei kleinen amerikanischen Einheiten als Militärgeistlicher auszuhelfen, und das tat er gern.

Einige Soldaten waren gläubig, einschließlich des kommandierenden Offiziers. Er sagte Ernie, wenn er je Hilfe brauche, die in seiner Macht lag, brauche er es ihn nur wissen zu lassen.

Eines Tages war Ernie unterwegs, um den amerikanischen Soldaten zu dienen, jedoch, vielleicht wegen Ermüdung, war sein Herz dem Herrn gegenüber kalt und gleichgültig. Aber er hatte gelobt, daß er Anhalter mitnehmen würde, so oft er welche traf. Er hoffte brennend, daß er keinen treffen würde, aber bald sah er einen vor sich. Sein starkes Pflichtbewußtsein siegte, und er fuhr an den Straßenrand und bot ihm die Mitfahrt an. Es war ein Hochschulstudent aus Köln, der auf dem Weg zu seiner Universität war. Ernie stellte dem jungen Studenten Christus vor, und dieser war sehr empfänglich. Ernies Herz erwärmte sich, als er über den Herrn sprach, und er wurde von seinem Thema so erfaßt, daß er 15 km über die Ausfahrt hinausfuhr.

Ernie forderte den Studenten auf, eine Entscheidung zu treffen. Er war bereit und nahm Christus auf, während sie miteinander beteten. Als er aus dem Auto ausstieg, um seine Reise fortzusetzen, hielt ein anderes Auto an, und der Fahrer fragte nach dem Weg nach Köln. Ernie wandte sich an den Neubekehrten und sagte: »Hier ist deine zweite Segnung. Zuerst bist du Jesus begegnet, und nun bekommst du eine Freifahrt zur Uni.« Der Student durfte mitfahren und konnte gleichzeitig den Leuten den Weg weisen. Ernies letzte Ermahnung an ihn war, seinen neugefundenen Glauben den Leuten im zweiten Wagen weiterzusagen.

Ernie fuhr die Strecke zurück und dann weiter zum Gottesdienst. Dieses Erlebnis beflügelte seine Botschaft so sehr, daß sechs von den Soldaten Jesus annahmen, als Ernie ihn verkündete.

Da die Gottesdienste im amerikanischen Standquartier ganz in englischer Sprache abgehalten wurden, kam Ernies ganze Familie mit. Erma spielte Klavier, wenn es gewünscht wurde. Einmal predigte Ernie aus dem Johannesevangelium, Kapitel 4. Jedesmal, wenn er dabei das Lebenswasser erwähnte, wurde der zweijährige Paul daran erinnert, daß er durstig war, und bat um einen Schluck. Wenigstens versteht er einen kleinen Teil von der Predigt, meinte Ernie dazu.

Evangeliumsfeldzüge waren Ernies Lieblingsbeschäftigungen, und er machte dankbar von jedem Talent Gebrauch, das er auftreiben konnte. In einem Sommer kam Dr. George Sweeting zu Besuch – der spätere Direktor des Moody-Bibel-Institutes in Chicago –, und er erbot sich, Ernies Predigt zu illustrieren. In späteren Jahren ergänzte eine Künstlerin das Lehrer-Team. Ihre Kreidezeichnungen waren bei Evangelisationen immer ein zusätzlicher Segen. In Musik waren Roy und Jean Bickle ständige Mitarbeiter. Beide sangen, und Jean spielte Klavier. Ernie wußte, daß solche Talente seine Predigt unterstützten.

Es gab viele interessante Bekehrungen. Eine ereignete sich im Sommer 1957. Ernie wurde von einem blinden Mann berichtet, der allein lebte und mit ihm sprechen wollte. Als er ihn besuchte, erzählte Hans, wie er aus Ost-Deutschland geflohen war, obwohl er dort der Leiter von 400 jungen Kommunisten gewesen war. Nachdem es ihm nun geglückt war, sich in West-Deutschland niederzulassen, besuchte er Ernies Gottesdienste nur, weil eine Frau in seinem Wohnblock, die seine Wäsche versorgte, ihn eingeladen hatte. Er fühlte sich ihr verpflichtet und kam deshalb an jenem Abend ihrer Einladung in den Gottesdienst nach.

Dann sagte Hans: »Herr Klassen, Sie haben etwas, was mir fehlt. Was ist es?«

»Hans, das ist der Herr Jesus, und wenn Sie wollen, können Sie ihn gerade jetzt empfangen«, ermutigte Ernie ihn.

Er antwortete sofort: »Ja, das will ich tun.«

Seine Bekehrung brauchte nur soviel Zeit wie das Erzählen davon. Am nächsten Abend trat er vor, um sie öffentlich zu bekennen. Er ging zur Bibelschule und wurde später Pastor. Als Bibelschul-Student fühlte er, daß seine Blindheit die andern in Verlegenheit brachte, denn sie wußten nicht, wie sie sich verhalten sollten. Deshalb bat er um Erlaubnis, zu den versammelten Mitschülern sprechen zu dürfen.

»Die Bibel erzählt uns, daß Eva die verbotene Frucht sah, sie nahm und aß. Mir wäre das nicht passiert. Samson sah Delilah und nahm sie. David sah Bathseba und beging eine Sünde . . .« Als er mit seiner Rede zu Ende kam, hätten ihn die Bibelschüler beinahe um seine Blindheit beneidet!

Eine sehr frustrierende Erfahrung ist es für einen Blinden, einen Gegenstand auf einem Tisch zu wissen und später, wenn er ihn braucht, herumzutasten und ihn nicht zu finden. Ernie benützt dies Beispiel von Hans als Beschreibung von Leuten, ehe sie Christen werden. Sie wissen, daß ihnen etwas fehlt, aber sie wissen nicht was. In ihrer Blindheit suchen sie dieses Etwas überall. Die »Sehenden« müssen ihnen zu Hilfe kommen.

Hans wurde oft als Fremdenführer eingesetzt, um Besuchern die Sehenswürdigkeiten zu zeigen. Er konnte ihnen die Aussichtspunkte zeigen, ohne sich je zu irren. Sogar in einem Auto wußte er stets, wo er war.

Zeltmission

Im Sommer 1957 wurde Ernie ein Zelt zur Verfügung gestellt und eine Evangelisation in Windheim festgesetzt. Er hatte noch immer so viele Schwierigkeiten mit der Sprache, daß der gastgebende Pastor bemerkte:

»Ich habe für diese Evangelisation gebetet und mich darauf gefreut – und dann kommt ein Mann, der nicht einmal Deutsch kann.«

Während der drei Wochen der Evangelisation ereignete sich vieles, trotz Ernies schlechtem Deutsch. Eines Abends trat ein Pastor aus einem Nachbardorf vor den Augen vieler aus seiner eigenen Gemeinde vor. Ernie nahm ihn beiseite und fragte ihn, ob er die Einladung verstünde. Er antwortete:

»Ich bin kein Christ und habe Erlösung nötig. Vergessen Sie, daß ich ein Pastor bin, und sprechen Sie zu mir wie zu jedem anderen Sünder, denn so einer bin ich.«

Zu einem anderen Pastor wurde Ernie zum Abendessen in sein Haus eingeladen. Der Pastor erklärte auch, warum.

»Sie sagen den Menschen, daß sie Errettung nötig haben, und dann sprechen Sie individuell mit ihnen. Wie führen Sie einen Menschen zu Christus?« Ernie gab ihm einen kurzen Unterricht in persönlicher Evangelisation, denn er dachte, dieser sei ein Christ. Dann wandte er sich der Frau des Pastors zu in der Überzeugung, daß auch sie Christin war. Aber das war nicht der Fall! Verblüfft sagte er zu ihr: »Sie müssen doch sehr fromm sein, da Sie mit einem Pastor verheiratet sind!«

»Nein, keineswegs. Mein Intellekt verhindert, daß ich Christin werde.«

Ernie sagte ihr: »Es wäre besser, wenn Sie Ihren

Intellekt beiseite ließen und ohne ihn in den Himmel kämen, statt mit ihm in die Hölle.«

Noch am selben Tag wurde sie Christin. Ein Jahr später war Ernie wieder in Windheim bei einer Jugendversammlung, und derselbe Pastor nahm auch daran teil. Als es Zeit war für die Zeugnisse, stand er auf:

»Ich möchte gern mein Zeugnis geben, denn der Mann, der mich zu Christus führte, ist heute abend hier.« Dann erzählte er, wie auch er bei jenem Abendessen Christ geworden war, während Ernie seine Frau zum Herrn führte.

Während dieser drei Wochen in Windheim kam noch ein dritter Pastor nach vorne. Er flüsterte Ernie zu:

»Ich werde Ihnen am nächsten Sonntagmorgen erzählen, warum ich dies tue, denn ich bin ein Christ.«

Am nächsten Sonntag sagte er seiner Gemeinde:

»Ich habe auf drei Gebieten versagt: als ein Priester meiner Familie, weil erst dieser Mann« – er wies auf Ernie – »kommen mußte, um meinen 15jährigen Sohn zum Herrn zu führen; als Nachbar, weil ich nicht die Hilfe oder das Zeugnis war, das ich hätte sein sollen, und als Pastor, weil ich euch nicht auf Christus hingewiesen habe.«

In einem einzigen Feldzug wurden drei deutsche Pastoren dazu bewegt, dem Herrn wahrhaft nachzufolgen!

Die Zeltmannschaft führte auch Kinderversammlungen durch. Die Kinder begeisterten sich sehr für das, was sie lernen durften und sangen in der Schule ihre Chorusse so oft, daß die Lehrer ärgerlich wurden und sie baten, damit aufzuhören.

Ernie kündigte an, daß nach der allgemeinen Versammlung eine Kinder-Gebetsstunde stattfinden würde. Jedesmal, wenn die Kinder für die Errettung einer Person beteten, kam diese in den nächsten Tagen zum

Glauben. Der Herr hörte die kindlichen Gebete und belohnte sie.

Eines Abends trommelte der Regen so laut auf das Zelt, daß man den Sprecher trotz der Verstärkeranlage nicht mehr hören konnte. Während des Singens überlegte Ernie: »Herr, was soll ich tun? Es ist klar, daß die Leute die Predigt nicht hören können. Sollte ich beten, daß es zu regnen aufhört?« Zuletzt beschloß er: »Wenn es zu dem Zeitpunkt, da ich zur Predigt aufstehe, noch immer regnet, dann lasse ich die Leute beten, daß es aufhören soll.«

Er war sehr besorgt, daß es nicht rechtzeitig zu regnen aufhören würde – und es hörte tatsächlich nicht auf! So stand er unter Furcht und Zittern auf und sagte: »Leute, ich glaube wirklich, daß Gott eine Botschaft für uns hat, aber wie können wir sie hören, wenn der Regen so laut ist? Warum beten wir nicht, daß Gott den Regen unterbricht während der Verkündigung?«

Er betete und der Regen hörte auf. Ernie sagt immer, daß der Herr sogar seine schwachen und gestammelten Gebete erhörte.

Jeder Lebensbereich des Ortes war betroffen. In den Fabriken und Schulen sprachen die Leute von der Evangelisation. Ernie ging in ein Altersheim, um dort zu sprechen. Er sagte den alten Leuten: »Am Ende des Gottesdienstes bitten wir die Leute im Zelt vorzutreten, um ihrem Wunsch zu bezeugen, den Herrn anzunehmen.«

Er hatte nicht beabsichtigt, die gleiche Reaktion von ihnen zu verlangen, aber eine Dame meldete sich. Er hielt inne und fragte: »Was wollen Sie?«

Sie wollte errettet werden! Sogar dort wirkte der Heilige Geist, und die Leute waren um ihr Seelenheil besorgt.

Täglich machte Ernie Besuche. Die Leute freuten sich über sein Kommen und boten ihm Kaffee und Kuchen an – manchmal geschah ihm das sechs- oder siebenmal am Tag. Schließlich wurde es ihm zuviel, und er aß nur noch bei jedem zweiten Besuch. In den Häusern, wie anderswo, fand er offene Herzen.

Im Zelt war es kalt und in seinem Zimmer auch. Sein Federbett war so klamm, daß er die halbe Nacht brauchte, um warm zu werden. So konnte er nur eine halbe Nacht schlafen. Endlich legte er seinen Stolz ab und bat um eine Wärmflasche. Es half ein wenig, aber der ganze Aufenthalt war persönlich eine schwierige Zeit. Doch trotz Ernies Sprachschwierigkeiten, trotz des kalten Wetters und der Tatsache, daß er nicht den eingeführten Gebräuchen entsprach, wenn er die Leute vortreten ließ, um eine Entscheidung zu treffen, segnete und rettete der Herr.

Eines Nachts um elf Uhr, nach den seelsorgerlichen Gesprächen mit den Leuten, die zurückgeblieben waren, war Ernie auf dem Weg zu seinem Zimmer. Sieben Leute standen noch am Marktplatz und diskutierten über die Versammlung. Sie alle waren ungläubig. Er trat auf sie zu und sagte:

»Anscheinend habt ihr euch noch nicht entschlossen. Gehen wir doch zum Zelt zurück, vielleicht kann ich euch helfen.« Sie folgten ihm, und er predigte noch einmal und lud sie ein, den Herrn anzunehmen. Das taten sie alle und sind seither als Christen geistlich gewachsen.

*

Als er einmal zu seiner Versammlung reiste, saß er in einem kleinen Zugabteil. Alle acht Plätze waren besetzt und jedermann las. Er selbst las die Bibel. Er unterbrach die Stille und bemerkte: »Ist das nicht ein wundervolles Buch? Es weist uns den Weg zum Himmel.« Augenblicklich wurden alle unruhig, obwohl er nichts weiter sagte. Der erste Mann faltete seine Zeitung zusammen, stand auf und stapfte aus dem Abteil. Der nächste stand auf, der dritte, vierte, fünfte, sechste – jeder verließ mit einer Entschuldigung das Abteil. Nur ein 13jähriges Mädchen blieb sitzen und sagte: »Ich möchte gern den Weg zum Himmel kennenlernen.« Ungestört sprachen sie über Jesus Christus als dem Weg zum Himmel. Ernie weiß nun, wie er sich in Deutschland in überfüllten Zügen Platz verschaffen kann.

Die Bibel sagt, daß Gottes Wort nicht leer zurückkommt. Ernie nahm einen 62 Jahre alten Anhalter mit und versuchte, mit ihm über den Herrn zu sprechen, aber er war sehr widerspenstig. Nach einiger Zeit und verschiedenen Versuchen, ihn seine Verantwortung vor Gott erkennen zu lassen und die Notwendigkeit, sich auf die Begegnung mit ihm vorzubereiten – war Ernie recht ratlos. Als der alte Mann aus dem Wagen stieg, sagte Ernie: »Es tut mir leid, mein Herr. Ich habe versucht, Ihnen zu helfen, sich auf Gott vorzubereiten. Eines Tages werden wir beide – Sie und ich – und alle Menschen dieser Welt ihrem Schöpfer gegenüberstehen. Aber alles, was ich gesagt habe, haben Sie zurückgewiesen.«

Er sah Ernie in die Augen und gestand: »Sie wären überrascht, wenn Sie wüßten, wieviel hängengeblieben ist.«

*

Bei einer anderen Evangelisation in Vlotho gab es etwa 200 Entscheidungen für Christus. Er war der einzige Seelsorger, und an einem Abend kamen 66 nach vorne, um Christus anzunehmen. Er tat was er konnte – predigte noch einmal für sie und ließ sie ein gemeinsames Gebet nachsprechen.

Aber nicht alle waren mit seinem Dienst zufrieden. Als er am Donnerstagabend in sein Zimmer kam, saß dort wartend eine Frau. Sie war schon lange da und sagte Ernie später, daß das Warten sie schon etwas gedämpft hatte. Aber sie war noch immer wütend und sagte zu ihm:

»Ehe Sie hierherkamen, war ich völlig zufrieden. Ich hatte eine gute Beziehung zu meinem Pastor. Aber Sie haben mich sehr in Unruhe versetzt.«

»Nun, vielleicht brauchen Sie einen Mann.«

Sie sah Ernie empört an und sagte:

»Ich habe schon zwei Männer gehabt – ich brauche keinen!«

Jetzt war sie erst richtig zornig.

»Sie brauchen einen Mann, der liebevoll und freundlich ist, obwohl Sie selbst nicht immer so sind – einen, der Interesse an Ihnen hat.«

Damit war das Gespräch beendet. Die Versammlungen sollten planmäßig am Sonntag zu Ende gehen, und am Sonntagabend war sie die erste, die nach vorne kam und zu Ernie sagte:

»Ich bin gekommen, um den Mann anzunehmen, den Sie empfohlen haben.«

Sein Auto war das einzige, das vor dem Zelt stand, obwohl im Zelt oft über 1000 Leute zusammenkamen. Er hörte, wie zwei Frauen darüber sprachen:

»Es macht uns nichts aus, daß er ein Auto hat, denn er nimmt uns mit.« (Sooft er konnte, nahm er Leute mit.) Zu dieser Zeit hatten die meisten Deutschen noch kein Auto. Daß er eines hatte, nahmen sie ihm nicht übel, weil er sie mitfahren ließ.

Bei dieser Evangelisation brachten zwei Halbschwestern, Frau Damerau und Frau Kallenbach, ihr Leben mit dem Herrn in Ordnung. Sie waren begeistert über ihre neue Beziehung zum Herrn und begannen, der Bibelschule regelmäßig jeden Monat beträchtliche Spenden zu schicken. Da Ernie sich von der Evangelisation her nicht an sie erinnern konnte, wollte er diese beiden reichen Damen besuchen und ihnen persönlich danken, als er das Jahr darauf wieder nach Vlotho kam.

Er fand sie in einer bescheidenen Einzimmer-Wohnung. Die Betten standen in der Mitte. Der Kohleherd für Heizen und Kochen stand an einer Wand. Eine kahle 60-Watt-Birne hing von der Decke. Sie hatten einen Küchenschrank und Kleiderhaken an der Wand. Beide waren Witwen, 65 und 70 Jahre alt.

Ernie drückte sein Erstaunen aus, daß sie so große Spenden machen konnten.

Sie erklärten, daß sie bei der Evangelisation so reichen Segen empfangen hätten, daß sie gerne soviel sie nur entbehren konnten für die Arbeit der Bibelschule geben wollten. Es war die einzige Möglichkeit, ihre Wertschätzung auszudrücken. Aber nicht genug damit, eine von den beiden hatte sogar noch eine Putzarbeit in einer Metzgerei angenommen. Deshalb war für ihren Fleischbedarf gesorgt, so daß ihre Haushaltsausgaben zurückgegangen waren. Das so ersparte Geld spendeten sie der Schule. Als eine von ihnen einmal Briefmarken kaufte, trat ein Fremder auf sie zu und schenkte ihr 5 Mark. Das ging sofort an die Bibelschule.

In Deutschland wird der Geburtstag sehr wichtig genommen. Eine der Schwestern erinnerte sich zufällig an den Geburtstag ihres früheren Chefs und sandte ihm eine Karte. Er wiederum fing an, ihr nun 100 Mark monatlich zukommen zu lassen. Auch das kam der Bibelschule zugute.

Am 80. Geburtstag der einen Schwester fuhr Ernie hin, um mitzufeiern. Da ein Geburtstag, der mit einer Null endet, besonders wichtig ist, wurde an nichts gespart. Als Ernie ankam, zeigten sie ihm den Luxus, daß sie eine 100-Watt-Birne angebracht hatten, obwohl ihre Stromrechnung dadurch um monatlich DM 2,50 stieg. Und sie leisteten sich auch einmal einen guten, starken Kaffee.

Eine der letzten Taten der älteren Schwester vor ihrem Tod war, daß sie der Bibelschule noch einmal 100 Mark überwies. Die zurückgebliebene Schwester wurde eingeladen, in der Bibelschule zu leben.

*

Während einer Evangelisation in Karlsruhe hegte Ernie Zweifel, ob seine Gastgeberin Christin sei, obwohl all ihre Freunde dies von ihr glaubten. Ihr Ehemann war an geistlichen Dingen nicht interessiert. Da Ernie eine ganze Woche dort wohnte, sagte er gleich zu Anfang, daß er als Nachspeise zu jeder Mahlzeit gerne aus der Bibel lesen wolle. So las er viermal täglich – auch zum Nachmittagskaffee – ein Kapitel aus der Bibel. Am fünften Tag fragte er die Gastgeberin: »Was würden Sie Ihrer Nachbarin sagen, wenn diese käme und gerettet werden wollte?« Sie wußte es nicht, und deshalb ermutigte Ernie sie, im Abendgottesdienst besonders aufmerksam zu sein, denn er wollte es dort noch einmal erklären. (Sie war in allen Versammlungen gewesen.) Tags darauf fragte er sie noch einmal. Sie war die ganze Nacht wach gelegen und hatte sich mit seiner Frage beschäftigt. Aufgeregt rief sie aus: »Herr Klassen, jetzt weiß ich es! Gestern abend bin ich gerettet worden.«

In einer anderen deutschen Ortschaft führte Ernie eine

Evangelisation mit einem protestantischen Pastor durch. Er war sehr freundlich und dankte Gott, daß er ihm einen Kanadier zur Mitarbeit geschickt hatte.

Nachdem Ernie anfangs hauptsächlich darüber gepredigt hatte, daß es nur einen einzigen Weg zum Himmel gibt, kam der Pastor eines Tages ziemlich beunruhigt zu ihm und sagte: »Herr Klassen, wenn Sie weiter so predigen, werden meine besten Christen zu zweifeln beginnen, ob sie wirklich errettet sind.« Ernie meinte jedoch, daß es sicher heilsam wäre, sich nochmals innerlich zu prüfen, ob man auf dem rechten Weg ist oder nicht. »In der Ewigkeit ist es dafür zu spät!«

Ernie hatte die Evangelisation bis Mittwoch geplant mit der Absicht, sie bis zum Sonntag fortzusetzen, wenn sie ein gutes Echo fände. Aber bis jetzt war nicht viel geschehen.

Roy und Jean Bickle, die während dieser Tage für die Musik verantwortlich waren, beteten eines Abends auf der Fahrt zur Versammlung: »Herr, schenke uns einen Durchbruch! Laß doch wenigstens sieben Menschen zum Glauben kommen.« Ihr Gebet wurde beinahe zehnfach erhört, denn 60 kamen nach vorn!

Als sie sahen, wie der Geist Gottes an den Menschen wirkte, verlängerten sie die Evangelisation gern bis zum Sonntag.

In Altenessen kam am Schluß des Gottesdienstes ein 22jähriges Fräulein nach vorne, setze sich nieder und weinte und weinte. Als sie sich dann endlich wieder etwas beruhigt hatte, fragte Ernie: »Warum weinen Sie?«

»Ich habe immer gedacht, ich sei eine Christin und auf dem Weg zum Himmel. Ich arbeite für einen Pastor, und wir verstehen uns gut. Aber nach dem, was ich heute abend gehört habe, bin ich verloren.«

»Gott sei Dank haben Sie das heute abend erkannt!«

rief Ernie aus. »Wie tragisch wäre es, wenn Sie leben und sterben würden in dem Glauben, Sie seien auf dem Weg zum Himmel, wenn es gar nicht stimmt.«

Oft predigte er während der Evangelisationen über die Hölle. Und oft waren diese Predigten von einem furchtbaren Gewitter begleitet. An einem Ort war ein so schlimmes Gewitter, daß sich die Leute nicht erinnern konnten, ein solches je erlebt zu haben. Zuerst hatte die Musikgruppe gespielt, aber als Ernie sich dann erhob, um zu predigen, brach das Gewitter mit aller Macht los. Der Dirigent kam zu Ernie und sagte ihm: »Da bist du schuld! Du darfst nicht über die Hölle predigen!« Es schien, als würden die Elemente sich dagegen auflehnen. Nach einiger Zeit schien es ruhig genug zu werden, so daß Ernie weiterpredigen konnte. Der Strom fiel aus, was bedeutete, daß es im Zelt weder Licht noch Lautsprecher gab, aber Ernie konnte doch seine Botschaft anbringen.

*

Wenn Ernie zu Evangelisationsfeldzügen reiste, nahm er unterwegs Anhalter mit. Einem jungen Mann stellte er die Frage: »Was ist dir das Wichtigste in deinem Leben?«

»Wahrscheinlich meine Arbeit. Oder meine Zukunft.« Er war nicht gewiß. Ernie sagte ihm: »Weißt du, daß Gott einen bestimmten Plan für dein Leben hat? Es würde dir gut tun, herauszufinden, was für ein Plan das ist. Dieses Auto, das ich fahre, hat eine Gebrauchsanweisung. Sie sagt mir, wie oft Ölwechsel fällig ist, wie der Reifendruck sein muß und wie man den Wagen behandeln muß, um das Beste aus ihm herauszuholen. Gerade so, wie mir der Autofabrikant eine Gebrauchsanweisung gegeben hat, so hat auch der eine Gebrauchsanweisung zusammengestellt, der dich und mich erschuf. Das ist die

Bibel. Sie sagt uns, warum wir erschaffen sind, zeigt die Probleme, mit denen wir uns herumschlagen und wie wir sie lösen können, um das Beste aus unserem Leben zu machen.«

Ernie beschloß, nicht so viel Zeit darauf zu verwenden, seine Anhalter zu einer Entscheidung zu bringen. Stattdessen versuchte er, sie sofort zum Herrn zu führen und den Rest der Zeit damit zu verbringen, ihnen Ratschläge zu geben, wie sie ein christliches Leben führen können. Es braucht nicht viel Zeit, ein Christ zu werden, aber ein Christenleben zu führen, ist schwieriger. Um dies in die Tat umzusetzen, drängte er einen deutschen Soldaten, den er mitgenommen hatte, seine Entscheidung schnell zu treffen. Der Soldat war bereit und sagte:

»Ist das nicht interessant? Ich ging auf eine religiöse Freizeit, weil ich mein Leben mit Gott in Ordnung bringen wollte. Doch an dem ganzen Wochenende erlebte ich nichts, was mir half. Nun bin ich erst einige Minuten in Ihrem Wagen, und Sie haben mir schon gesagt, was ich wirklich brauche.«

Sie beteten zusammen, und auf dem Rest der Strecke sagte Ernie ihm, was es bedeutet, ein christliches Leben zu führen.

*

Bei Ernies vielem Herumfahren war es nicht überraschend, daß eines Tages die Batterie ausfiel. Er hielt an einer Werkstatt und ließ eine neue einbauen. Während er den Mechaniker bezahlte, sagte er: »Ich hatte einst eine sehr große Schuld, aber jemand kam und bezahlte sie für mich.«

»Sie müssen ein sehr anständiges Leben geführt haben!«

»Nein, das nicht. Die Schuld hatte ich Gott gegenüber. Ich konnte vor ihm nicht bestehen. Da kam Jesus und bezahlte für mich.« Und mit der Quittung in der Hand fuhr er fort:

»Wenn ich in den Himmel komme und vor Gott stehe, will ich ihm die Quittung zeigen – Jesus hat alles für mich bezahlt.«

Ein andermal hatte er einen fehlerhaften Reifen bekommen und war im Büro, um das zu regeln. Der Chef sagte ihm:

»Ich kann Ihnen so und so viel anrechnen für diesen Reifen.«

Nachdem die geschäftlichen Dinge geregelt waren, begann Ernie über Geistliches zu sprechen. Aber der Inhaber wurde ablehnend: »Wie kann man wissen, welcher Weg der rechte ist? Es gibt so vielerlei Kirchen.«

»Nun, Sie haben mir soeben gesagt, daß mein Reifen auf einen bestimmten Wert geschätzt ist. Wenn nun jemand käme und sagte: ›Das stimmt gar nicht. Sie hätten für den Reifen viel mehr geben müssen . . .‹ oder jemand anderer kommt und sagt: ›Im Gegenteil, Sie haben zuviel gegeben!‹ – Was dann? Sie würden antworten: ›Ich halte mich an mein Buch. Für jeden Millimeter Profil berechnen wir so und so viel – damit basta!‹ – Ich weiß, es gibt verschiedene Kirchen und Konfessionen und verschiedene Leute sagen verschiedene Dinge. Aber wir haben doch *ein* Buch! Am letzten Tag wird Gott uns nicht fragen, was der und der gesagt hat, sondern er wird uns einfach fragen: ›Was sagt die Bibel?‹«

Bei einer Tankstelle in Heidelberg standen zwei junge Männer, 19 und 20 Jahre alt, herum. Ernie begann ein

Gespräch mit ihnen über ihre Beziehung zu Gott und über die Tatsache, daß sie eines Tages vor Gott stehen würden. Sie lachten ihn aus und sagten: »Hey, wenn wir sterben, ist das wie beim Vieh – wir verfaulen, und damit ist Schluß!«

Er erwiderte: »Ihr sagt das mit euren Lippen, aber zutiefst im Herzen ist eine Stimme, die etwas anderes sagt.«

Der Tankwart, ein Mann in mittleren Jahren, hörte zufällig das Gespräch, kam her und sagte zu den beiden Burschen:

»Ich war Soldat in Rußland. Mit gen Himmel gereckter Faust fluchte ich und sagte: Es gibt keinen Gott! Aber obwohl ich dies mit meinen Lippen ausrief, sagte mir mein Herz etwas anderes. Ich weiß, daß es einen Gott gibt.«

Ernie behauptet, die Tatsache, daß diese sogenannten Atheisten die Existenz Gottes zu leugnen versuchen, sei ein Hinweis darauf, daß sie glauben, es gibt ihn – sonst würden sie sich nicht die Mühe machen, ihn zu leugnen.

Ein andermal saß Ernie im Zug einer jungen Dame gegenüber, die ihn fragte: »Was ist denn wirklich der Sinn des Lebens?« Wieder benützte er das Bild eines Autos: »Wenn ich herausfinden möchte, warum ein Auto so hergestellt ist, wende ich mich an den, der es entworfen hat und der wird mir am besten sagen können, wozu all die Teile, Schalter und Knöpfe gut sind. Er hatte einen Plan, nach dem er die Dinge so zusammengesetzt hat. Wenn Sie herausfinden wollen, was der Zweck des Lebens ist, nehmen Sie am besten mit dem Kontakt auf, der Sie erschaffen hat. Er ist immer bereit, zuzuhören.«

*

In diesem Herbst verdoppelte sich die Zahl der Bibelschüler auf 56, deshalb mietete die Schule wieder ein weiteres Gebäude. Das Hotel Auerbach hatte leergestanden und enthielt eine Menge Schlafräume. Parschauers zogen in ein Privathaus um, und so gab es genug Platz für alle.

Ernie suchte eifrig weiter nach einem passenden Platz für die wachsende Bibelschule. Er fand nicht weit von ihrem Standort ein Schloß in Seeheim, das für 100 000 DM zum Verkauf angeboten wurde. Es war ein Urlaubsort für königliche Herrschaften gewesen und von einem sehr schönen Gelände umgeben. Die Mission brachte das Geld rechtzeitig auf, um die erste Schulabgangsfeier auf dem neuen Schulgelände abzuhalten.

Unter Mitwirkung des Janz Teams wurden bei dieser Konferenz 13 Absolventen ausgesandt, dem Herrn in verschiedenen Ländern zu dienen.

Das Herbstsemester begann in Seeheim mit viel Hilfe durch Überschüsse aus der amerikanischen Armee-Versorgung. Da Ernie zwei Standquartieren als Armeegeistlicher diente, war das Militär sehr hilfsbereit. Als er hinter dem Gebäude einen Sportplatz anlegen wollte, kamen sie bereitwillig mit drei Bulldozern, einem großen Preßlufthammer und mehreren Lastwagen. Zu dieser Zeit gab es eine Übereinkunft zwischen der amerikanischen Armee und der deutschen Bevölkerung, daß sie jede gemeinnützige Gruppe unterstützen wollten, um guten Willen zur Zusammenarbeit zu beweisen. Der Sportplatz wurde aber nie zu Ende gebaut, weil mittendrin ein großer Felsen freigelegt wurde. Sie begannen, ihn mit Dynamit zu sprengen, aber das wäre zu kompliziert geworden, und man mußte das Projekt fallen lassen.

Damals kam ein zweiter blinder Bibelschüler in die Schule, der durch einen kanadischen Missionar zum

Glauben gekommen und daher den Kanadiern dankbar verbunden war. Durch seine frühere Tätigkeit bei einer Bank besaß er gewisse Kenntnisse in Buchführung. Nach seiner Abschlußprüfung wurde er der Buchhalter der Bibelschule. Seine Frau ersetzte ihm seine Augen. Ihr Transportmittel war ein Tandem, er trat die Pedale und sie lenkte.

In diesem Jahr konnten Ernie und Erma mit Gästen aus den Vereinigten Staaten zur Weltausstellung nach Brüssel reisen. Linda, Ernies Schwester, kam auf ihrem Heimweg von Afrika auf einen Zwischenurlaub zu ihnen. Sie zeigten ihr die Sehenswürdigkeiten zwischen Dänemark und der Schweiz.

Neuanfang

1958 fuhren Parschauers zum Heimatdienst nach Amerika. In diesem Jahr trafen viele neue Lehrer ein. Allmählich entwickelten sich neue Strukturen und Betonungen, die den Vorstellungen von Ernie und John – beide durch und durch Praktiker – nicht mehr entsprachen, und so entschlossen sie sich zusammen mit Heinz Weber zum Neuanfang.

Einige Schüler kamen zu Ernie und wollten mitmachen. Sein Unterricht wies zwar keinen hohen akademischen Standard auf, aber er war geprägt von einem Herzen, das darauf brannte, Menschen zu Christus zu führen. Und das zog sie an.

John kam auf einen Kurzbesuch aus Amerika zurück, um die Pläne klären zu helfen. Sie gründeten einen gemeinnützigen eingetragenen Verein und gaben ihr Kapital mit 100 Mark an – dem Wert einer alten Schreibmaschine, die sie noch besaßen. In Kanada und USA wurde ihr Verein ebenfalls eingetragen, damit die Unterstützung der Missionare geregelt werden konnte. Klassens waren überrascht und dankbar, daß all ihre Freunde sie trotz des Wechsels weiterhin unterstützten. Es war ihnen ein Zeichen des Segens Gottes. Die Schule selbst sollte finanziell von europäischen Christen getragen werden. John und Ernie hielten das für richtiger, und so geschah es auch.

Während dieser Zeit predigte Ernie noch an verschiedenen Orten. Zusammen mit sechs Missionaren in der Schweiz fuhr er einmal in einer Seilbahn. Es war noch ein siebter Reisender in der Gondel, so sprachen sie Deutsch miteinander und unterhielten sich über die Tatsache, daß sie, falls das Drahtseil risse, schnellstens in den Himmel kommen würden. Der siebente Mann warf ein: »Ich bin auch ein Christ!« Sie begannen ein Gespräch und erfuhren, daß er der Hersteller des Drahtseils war. Er lud die ganze Gruppe zum Mittagessen ein. Später kehrte Ernie mit der ganzen Familie in die Schweiz zurück, um Ferien zu machen. Da es in Strömen regnete und Erma krank wurde, ging er zum Haus dieses Mannes und bat, ob sie ihr Zelt in seiner Garage aufstellen dürften. Er war sehr entgegenkommend, aber er bedauerte, daß er in seinem Haus kein Zimmer frei hatte. Als Reaktion auf diese Begebenheit beschloß der Mann, ein größeres Haus mit einer Ferienwohnung für Missionare zu bauen. So steht nun eine moderne Wohnung jedem zur Verfügung, der sie benützen möchte.

Den ganzen Sommer über suchte Ernie nach einem passenden Schulgebäude. Manchmal fuhr er einfach so herum, hielt Ausschau und fragte nach. Bibelschüler schrieben: »Können wir uns Ihnen anschließen?«

»Ja«, lautete die Antwort, »am 1. Oktober beginnt der Unterricht, aber wir haben noch keine Ahnung wo.«

Als Parschauers auf ihrer Rückreise aus dem Heimaturlaub in Le Havre, Frankreich, landeten, holten Ernie und Erma sie ab. Obwohl Ernie schon viele Stunden unterwegs war, war es Erma, die reisekrank wurde. Ernie brachte sie in einem französischen Hotel unter und ging dann zum Hafen. Er hatte sich gemerkt, wo sie abgestiegen war, aber in seiner Ermüdung und bei all der Aufregung, die Familie Parschauer abzuholen, konnte er sich nicht mehr erinnern, wo er Erma gelassen hatte! Währenddessen war sie in einem französischen Hotel, ohne ein Wort französisch zu verstehen, und sie hatten beide nicht daran gedacht, daß sie kein Geld bei sich hatte. Die Franzosen gaben ihr jedoch etwas Tee, als es ihr endlich gelang, ihren Wunsch danach verständlich zu machen. Alles war in Ordnung, als Ernie sie endlich fand, aber es war ein rechtes Abenteuer gewesen!

Mitte September konnten sie den Mietvertrag für ein Schloß in Kalkar nahe der holländischen Grenze unterzeichnen. Da der Eigentümer mit den Vormietern schlechte Erfahrungen gemacht hatte, verlangte er eine volle Jahresmiete im voraus – 12 000 DM. Die Schule hatte aber überhaupt keine finanziellen Grundlagen. Ernie erzählte das einem Freund, als dieser ihn unterbrach:

»Komm mit. Hier in der Nähe wohnt eine sehr wohlhabende Dame – ich denke, die sollte das auch hören.« So besuchten sie diese Dame. Nachdem er das Unternehmen mit der Bibelschule erklärt hatte, sagte der Freund:

»Sie und ich – wir werden jetzt jeder 5 000 DM für diesen besonderen Zweck spenden – zusammen 10 000 DM.«

Sie schluckte schwer. Immerhin hatte sie vorher noch nie von dieser Schule gehört. Doch dann stimmte sie zu, ihren Anteil – 5000 DM zu geben. Mit dem Geld in der Hand wurde der Mietvertrag unterzeichnet.

Das Gebäude war groß genug, daß die Bibelschüler und die Familie Parschauer dort wohnen konnten. Klassens fanden drei Zimmer im Oberstock eines Bauernhauses – mietfrei! Ein Zimmer wurde die Küche, das andere ein Wohnzimmer und das dritte der Schlafraum der Familie. Nur Heather hatte ein eigenes Kämmerchen im Dachraum über der Scheune. Wie in allen Bauernhäusern gab es auch in diesem Haus Mäuse. Es gab so viele, daß Herr Mühlenhof, der Bauer, beschloß, sie zu vergiften. Im Schlafraum der Familie fing es schrecklich zu stinken an, bis Ernie einige Bodenbretter aufhob und etwa ein Dutzend tote Mäuse darunter fand.

Herr Mühlenhof war einer der wenigen Evangelischen

in einem überwiegend römisch-katholischen Gebiet. Er war sehr froh, daß sie bei ihm einzogen. Jahrelang versorgte er dann die Bibelschule mit Kartoffeln, soviel sie brauchten.

Die Schule mußte am Nullpunkt ganz neu anfangen. Zu Ernies Pflichten gehörte es, all die Dinge aufzutreiben, die zum Betreiben einer Schule notwendig sind. Er kaufte billigste Plastik-Tassen, Kochtöpfe und einen Herd aus amerikanischem Armee-Überschuß. Dann fuhr er nach Wiesbaden auf der Suche nach Betten. Er sprach mit einem befreundeten Offizier, der herumtelefonierte, um überzählige Betten aufzutreiben.

»Ja, für 5 Dollar das Stück können wir euch 50 Betten mit Matratzen überlassen«, informierte er Ernie. »Ich werde sie selbst bezahlen. Das wird meine Spende für eure Bibelschule.«

Die Betten mußten 300 Kilometer von Wiesbaden nach Kalkar transportiert werden. Ernie ging zu einem anderen Freund, der ein Umzugs-Unternehmen hatte. Sein Möbelwagen fuhr zufällig über Wiesbaden. Er erbot sich, einen Anhänger mitzunehmen und den Anhänger dort abzukoppeln. Anderntags hatte er einen Auftrag, der ihn zur holländischen Grenze führte. Er nahm den beladenen Anhänger mit und ließ ihn in Kalkar. Die Betten kamen ganz kostenlos bis vor die Haustüre – einen Tag bevor die Schüler ankamen! Jeder Student stellte sein Bett selber auf. Derselbe Mann führte auch den Umzug von Klassens und Parschauers durch – ohne etwas dafür zu berechnen!

Ernie besuchte auch einen Vorhangfabrikanten, von dem er gehört hatte. Der Mann konnte nur einige wenige Minuten erübrigen und war kurz angebunden.

»Machen Sie's kurz!« Ernie berichtete ihm kurz von der Bibelschule und daß sie ein großes Haus ohne

Vorhänge hätten. »Nun«, erwiderte er, »sagen Sie welche Farbe und welches Material Sie wünschen, und ich werde Ihnen die Ware zusenden. Oder wollen Sie die Vorhänge lieber fertig genäht?« Da die Schule keine Nähmaschine besaß und die Zeit drängte, brauchten sie fertige Vorhänge. »Schicken Sie mir die Maße, die Farbwahl und die Sorte, dann werden sie fertig genäht. Es wird mein Geschenk für eure Schule sein!«

Immer sorgte der Herr auf die eine oder andere Weise für das Nötige, und die Schule konnte im Oktober eröffnen.

Die Schüler kamen von vielerlei Orten. Einige waren im ersten Semester, und andere traten von Seeheim über. Gleich am ersten Schultag kam ein ganz ungewöhnlicher junger Mann, Wilhelm, aus Ostdeutschland, herein. Er war vor einigen Monaten aus Ostdeutschland geflohen, indem er über einen Strom geschwommen war. Sein Zwillingsbruder und einige Freunde waren Grenzwachen und feuerten auf ihn. Er meinte, sie hätten vielleicht absichtlich nicht getroffen – jedenfalls trafen sie ihn nicht – und er war in Freiheit. Ein Missionar gab ihm dann den Rat, zur Bibelschule Kalkar zu gehen. Er bewarb sich nicht schriftlich – er marschierte einfach herein. Als er nach seiner finanziellen Lage gefragt wurde, antwortete er: »Ich habe einige Filmkameras mitgebracht, die ihr verkaufen könnt, um meine Kosten zu decken.« Er hatte seinen Koffer draußen im Gebüsch am Straßenrand stehenlassen für den Fall, daß er nicht angenommen würde. Auf die Art wäre es ihm nicht so peinlich gewesen, die Schule wieder zu verlassen. John und Ernie entschlossen sich sofort, ihn anzunehmen. Nach seinem Studienabschluß verbrachte er zwei Jahre als Mitarbeiter an der Schule und ging dann als Missionar nach Südamerika.

Für die Studenten und den Lehrkörper gehörte es zu den gewöhnlichen praktischen Gepflogenheiten christlicher Arbeit, im Freien, auf den Marktplätzen, Evangelisationen abzuhalten. Kalkar war überwiegend römisch-katholisch. Nachdem bei einer solchen Versammlung mehrere Bibelschüler ihr Zeugnis gegeben hatten, hörte Ernie hintenherum: »Herr Klassen zahlt jedem für sein Zeugnis 20 DM.«

Doch die Schule hatte eine gute Beziehung zu den Einheimischen. Obwohl er zehn Kinder hatte, stellte ein Katholik einem Bibelschüler-Ehepaar ein Zimmer in seinem Haus zur Verfügung. Den Dorfbewohnern war viel Negatives über Protestanten erzählt worden, aber die Schüler waren so liebenswert, daß die Leute ihnen ihre Herzen und Häuser öffneten. Sie waren überrascht, wie freundlich Protestanten waren!

*

1960 waren die Klassens an der Reihe, Heimaturlaub zu machen. Sie kauften einen VW-Bus, um ihn zu importieren, und nach der Frühjahrs-Konferenz reisten sie auf der MS Bremen ab. Der Bus vereinfachte das Reisen sehr. Man konnte mitsamt Familie und Gepäck bis ans Schiff fahren und in New York beim Verlassen des Schiffes gleich wieder einsteigen und losfahren. Sie reisten den ganzen Sommer über herum und durchquerten die Vereinigten Staaten und Kanada. Die Kinder und auch die Eltern erlitten einen Kultur-Schock. Aber nicht alles war negativ. Man entdeckte Hamburger und Mixmilchgetränke und verschlang das alles in großen Mengen.

Für den Schulbeginn im Herbst ließen sich die Klassens in Swift Current, Saskatchewan, in der Nähe der

Verwandten nieder. A. R. D. war gestorben, aber Margaret war entzückt, mit ihren Enkelkindern Deutsch sprechen zu können. Sie waren eifrig dabei, das Schlittschuhlaufen, die englischen Schulen und besonders die Hamburger und Hotdogs zu genießen.

Da ein Großteil ihrer Unterstützung aus den östlichen Staaten kam, mußten sie auch dort einige Zeit verbringen. Ernie hatte von den »Häusern der Gemeinschaft« in Ventnor, N. J., gehört, aber er hatte keine Vorausbestellungen gemacht. Das waren Häuser, die für Missionare auf Heimaturlaub bereitstanden und gewöhnlich schon auf Jahre hinaus ausgebucht waren. Ernie schrieb jedoch trotzdem hin. Die Rückantwort brachte ihm das Angebot einer Wohnung, die sofort zur Verfügung stand.

Unterwegs hielt Ernie an, um ein Paar Schnürsenkel zu kaufen.

»Welche Länge?« fragte der Ladeninhaber.

»Meine Schuhe haben acht Löcher auf jeder Seite«, sagte Ernie.

»Da müssen Sie aber ein sehr heiliger Mann sein«, scherzte der Geschäftsmann. (Das Wortspiel in der englischen Sprache bezieht sich auf »hole« = das Loch und »holy« = heilig.)

»Das ist wahr«, bestätigte Ernie fröhlich – »aber ich bin nicht ›holy‹ wegen der vielen ›holes‹ in meinen Schuhen, sondern durch die Rechtfertigung, die Jesus mir erworben hat. Ich bin Christ.«

»Ich auch«, erwiderte der Ladeninhaber. Nach einem interessanten Gespräch bot er an: »Wenn Sie Schuhe kaufen wollen, bekommen Sie die zum halben Preis.«

»Großartig!« rief Ernie aus. »Ich habe drei Söhne im Auto – die bringe ich auch herein!« Ernie stellte wieder fest, daß es sich lohnt, Zeugnis zu geben – Gott belohnt die, die zuerst nach seinem Reich trachten.

Die Familie ließ sich wieder einmal in neuer Umgebung nieder. Leider sind Missionarskinder nicht mit einem inneren Kompaß ausgerüstet. An ihrem ersten Schultag gingen Darryl und Keith auf dem Heimweg verloren. Als sie nicht eintrafen, rief Ernie die Polizei zu Hilfe. Endlich wurden sie umherirrend aufgefunden und nach Hause gebracht. Die Fahrt im Polizeiauto gefiel ihnen so gut, daß sie es überhaupt nicht schlimm fanden, sich verirrt zu haben.

Da die Familie nun untergebracht war, war Ernie frei für den Reisedienst. Wie gewöhnlich ließ er keine Gelegenheit zur Evangelisation ungenützt. Während er durch Nova Scotia fuhr, nahm er einen 60 Jahre alten Anhalter mit und begann sein Zeugnis, indem er sagte: »So sehr hat Gott die Welt geliebt, daß er seinen eingeborenen Sohn hingab. – Wen hat Gott geliebt?«

Der Anhalter zuckte die Schultern und sagte:

»Weiß nicht. Bin nie in die Schule gegangen.«

Ernie zitierte denselben Vers noch einmal und fragte ihn wieder:

»Wen hat Gott geliebt?«

Die gleiche Antwort: »Weiß nicht.«

»Wen sandte Gott?«

»Weiß nicht.«

»Nun«, dachte Ernie, »er wird die nächsten 120 Kilometer hier im Auto sitzen, da will ich ihm wenigstens dies eine beizubringen versuchen.«

So zitierte er zum vierten Mal: »So sehr hat Gott die Welt geliebt, daß er seinen eingeborenen Sohn sandte. Wen liebte Gott?«

»Die Welt.«

»Nun hast du schon etwas gelernt«, ermutigte Ernie ihn. »Was tat er?«

»Er sandte seinen Sohn.«

»Für wen sandte er den Sohn?«

»Für die Welt.«

»Bist du damit auch gemeint?«

»Ja, denn ich bin ein Teil der Welt.«

»Ein Geschenk ist wertlos, wenn kein Empfänger da ist. Und wenn der Empfänger das Geschenk nicht annimmt, nützt es ihm nichts. Bist du bereit, diese Gabe zu empfangen?«

Er war dazu bereit, und sie beteten zusammen. Dann teilte er Ernie diese erstaunliche Tatsache mit: »Ich habe einen Sohn und eine Tochter, die beide Christen sind und mir schon seit langem sagen, daß auch ich den Herrn annehmen soll. Ich bin Waldarbeiter, und der Bursche, mit dem ich arbeite, ist auch Christ. Wie werden sie überrascht sein, wenn ich heimkomme und ihnen sage, daß ich den Herrn angenommen habe!«

Bei einer Fahrt durch den Nordteil des Staates New York hielt Ernie einmal in einer kleinen Stadt an und ging zum Telefonieren in eine Telefonzelle. Dann ging er gemütlich zu seinem Auto zurück und wendete seinen Wagen. Zu seiner Überraschung folgte ihm ein Polizeiauto und zwang ihn zum Halten am Straßenrand. Nachdem seine Papiere überprüft worden waren – ein deutscher Führerschein, ein kanadischer Paß und amerikanische Autopapiere – sagte der erstaunte Polizist:

»Ich muß Ihnen einen Strafzettel geben. Wissen Sie, was Sie falsch gemacht haben?« – »Nein.«

»Da ist ein Verkehrszeichen aufgestellt, das sagt: »Wenden verboten.« Wir beide – der Polizeiwachtmeister und ich – sahen Sie wenden, deshalb muß ich Ihnen den Strafzettel geben.« Er händigte Ernie einen Strafzettel über 7 Dollar 50 Cents aus. Ernie war erleichtert, daß es nur so wenig war, denn er hatte nicht einmal 10 Dollars bei sich.

»Ich bin dankbar für Polizisten, denn ich weiß, daß Sie sich bemühen, die Ordnung aufrechtzuhalten, und das schätze ich.« (Ernie empfiehlt diesen Gesprächseinstieg, denn er sorgt für eine bessere Atmosphäre.) Sie haben meine Papiere überprüft, aber eines Tages wird Gott Ihre Papiere überprüfen. Sind Sie bereit, vor ihm zu stehen?«

Ernie gab ihm ein Evangeliums-Traktat. »Das wird Ihnen helfen, Ihr Leben mit Gott in Ordnung zu bringen, so daß Sie die Prüfung bestehen, wenn Sie vor ihm erscheinen müssen.«

Viel später, wieder in Deutschland, erzählte er diese Episode in einer Predigt. Ein Mann kam zu ihm und bemerkte dazu: »Mir hat dieses Zeugnis so gut gefallen, daß ich die Strafe für Sie bezahlen möchte. Hier sind 7,50 Dollar.« Ernie lachte und sagte: »Danke! Ich werde diese Geschichte noch öfter erzählen!« (Wenn er später diese Geschichte erzählte, fügte er diese nachträgliche Begebenheit noch hinzu. So wurde ihm die Strafe im ganzen dreimal ersetzt.)

Die Familie erhielt monatlich etwa 300 Dollar Unterstützung. Als Ernie gefragt wurde, was sie nach seiner Meinung wirklich brauchen würden mit den vier Kindern und den steigenden Kosten, rechnete er aus, daß 500 Dollar im Monat angemessen wären. Aber das erschien ihm so viel, daß er nicht wagte, es je wieder zu erwähnen. Sie hatten keine Lebensversicherung oder Krankenversicherung. Die Missionsgesellschaft hatte verlangt, daß Ernie eine Lebensversicherung abschließen müsse, aber da die Ärzte sagten, Ernie sei übergewichtig und das Versicherungsrisiko deshalb zu groß, war diese Anforderung beiseitegelassen worden. Ernie und Erma waren beide in armen Verhältnissen aufgewachsen und konnten mit viel weniger, als ein Durchschnittsbürger brauchte, auskommen. Ernie dachte, solange er für den Herrn arbeiten würde, war der Herr verantwortlich, für alles zu sorgen. Derselbe Gott, der treu half, daß Ernie einst mit 2 Dollar im Monat auskam, half nun auch getreulich, daß die 300 Dollar im Monat reichten. Ihre finanzielle Lage war nie ein Hindernis für ihre Arbeit, wohl aber konnte sie in bestimmten Situationen ein konkreter Hinweis sein, um die Führung des Herrn zu erkennen.

Aufbau der Bibelschule Brake

Daheim in Kalkar, Deutschland, waren die Unterbringungsmöglichkeiten überschritten. Es wurde deutlich, daß die Schule umziehen mußte, wenn der dreijährige Mietvertrag abgelaufen war. Im Jahr 1960 hatte die Mutter eines Studenten ihnen einen Grundbesitz von 8000 qm geschenkt, der in Brake bei Lemgo in Ostwestfalen gelegen war. Es war ein alter Obstgarten mit einem kleinen, aus Ziegeln erbauten Garten-Schuppen darin. Die Schulverwaltung beschloß, dies als Gottes Führung zum Bauen zu betrachten. Ernie kehrte 1961 zurück, um das Bauprogramm zu leiten. Die Baupläne waren bereits gezeichnet, und John Parschauer hatte die kanadische Armee zum Ausbaggern angeheuert. Hatte sich doch die amerikanische Armee damals in Seeheim so hilfsbereit gezeigt! Der kommandierende Offizier der Kanadier hatte ihnen dankbar gesagt:

»Wir werden kommen, wenn wir mit unseren Maschinen auf eurem Grundstück üben dürfen. Hier in Deutschland haben wir so wenig Platz, daß die Jungs fast vergessen, wie sie funktionieren.« Sie waren mit ihrer eigenen Ausrüstung gekommen, mit Feldküche, Köchen, Zelten etc. Wegen eines verregneten Frühjahrs nahm die Arbeit, die auf 10 Tage geschätzt worden war, 5 Wochen in Anspruch. Zusätzlich zum Ausbaggern holten sie noch Kies und gruben Bäume aus.

Fünf Bibelschüler hatten sich freiwillig als Bauhelfer gemeldet, und die Ziegelhütte war vergrößert worden, um ihnen Quartier zu bieten. Nur einer davon arbeitete in seinem Gewerbe – er war Zimmermann. (Zu dieser Zeit hatten alle Schüler, die zur Bibelschule kamen, schon eine abgeschlossene Berufsausbildung.)

Herr Friedrich, ein gelernter Maurer, hatte seinen Arbeitsplatz aufgegeben, um beim Bau der Bibelschule zu helfen. Er leitete die Schüler bei der Arbeit an. Ernie bemerkte, daß er nicht ein Löffelchen voll Zement umkommen ließ – so sparsam war er. Nachdem der Zement eingegossen und in der Form gehärtet war, wurden die Bretter entfernt und gereinigt. Jeder Nagel wurde danach zur Wiederbenutzung geradegeklopft. Herr Friedrich behauptete, daß er die Nägel kannte, wenn sie das fünfte oder sechste Mal in seine Hände gelangten.

John besuchte eines Tages Herrn Runkel in seiner Baufirma. Als er hörte, daß sie ganz ohne Geld eine Bibelschule bauten, wollte er helfen. Er brachte einen Zementmixer, Bretter, Schaufeln und alles, was man sonst noch zum Bauen braucht. Die Ausrüstung lieh er ihnen, solange sie gebraucht wurde, und er ersetzte bereitwillig einige Dinge, bis das Projekt fertiggestellt war.

Man hatte ihnen gesagt, man brauche 28 Genehmigungen, um auf landwirtschaftlichem Grund bauen zu können. Auch würden sie einen Finanzierungsplan vorlegen müssen. Natürlich hatte die Schule nur Gott allein als Finanzbürgen. Aber Gott ebnete den Weg, und die erforderliche Bauerlaubnis ließ nicht auf sich warten.

Viele kleine und anscheinend unbedeutende Geschenke – aber auch größere Spenden – kamen den Bauherren zur Hilfe. Hier einige Beispiele:

Wilhelm klopfte einen Nagel mit dem Rücken einer Axt glatt, als ein Neugieriger vorüberkam und fragte:

»Was tun Sie da?«

»Wir bauen eine Bibelschule«, kam die begeisterte Antwort.

»Haben Sie denn keinen Hammer?«

»Nein.«

»Nun, ich habe einen, den ich euch geben kann. Er hat keinen Griff, aber vielleicht können Sie einen auftreiben.«

Tags darauf kam jemand anderes vorbei und gab ihnen einen Griff. Später kam der erste Mann noch einmal und gab ihnen einen alten Küchenherd mit sehr verrosteten Ofenrohren. Eine Frau schenkte ihnen einige Töpfe und Pfannen.

Ein anderer Mann kam vorbei und fragte:

»Habt ihr denn keine besseren Ofenrohre?« – »Nein.«

»Ich habe welche, die könnt ihr bekommen.«

So waren ihre Ofenrohre nicht mehr löcherig.

Ernie nahm sich immer noch Zeit, um Versammlungen zu leiten, obwohl er mit dem Bauprojekt sehr beschäftigt war. Nach einem solchen Gottesdienst kam eine arme und gebückte, verkrüppelte Frau, die am Stock humpelte, zu ihm und sagte:

»Herr Klassen, ich möchte Ihnen etwas für Ihren Bau geben.«

Sie übergab ihm in einer braunen Papiertüte 6 Eier und zwei Markstücke, die in Zeitungspapier gewickelt waren. Ernie stellte fest, daß es für Gott kein Problem wäre, eine Bibelschule mit Eiern zu bauen.

Eines Tages sagte Herr Friedrich zu Ernie, daß er nun Pfähle zum Gerüstbau brauche. Da es Ernies Angelegenheit war, das Baumaterial zu beschaffen, sagte er, daß er beten und Ausschau halten wolle – er verbindet das Gebet immer mit Aktivität. An diesem Abend kam ein Nachbar auf den Bauplatz und fragte, ob einer der Bibelschüler ihm helfen wolle, einige Bäume wegzuräumen, die ein Sturm entwurzelt hatte. Da er gerade nicht gebraucht wurde, war Theo bereit, mitzugehen. Er arbeitete von 6 Uhr morgens bis 10 Uhr abends und kam mit einem Karren zurück, der mit 35 Pfosten beladen war, die man ihm für seine Arbeit gegeben hatte. (Theo ist jetzt Missionar in Obervolta.)

Das Wasser, das zum Zementmischen gebraucht wurde, holte man in Karrenfässern von einem kleinen Bach am Fuß des Grundstückes. Gerade als das erste Gebäude fertig war und man dort fließendes Wasser bekam, trocknete das Bächlein aus.

An den Wochenenden brachte Ernie stets eine Schar Bibelschüler aus Kalkar mit, die sich nach Unterrichtsschluß am Freitagmittag in sein Auto quetschten, um bei den Bauarbeiten in Brake zu helfen. Unter der Anleitung von Herrn Friedrich lernten die freiwilligen Helfer Steine zu setzen, Wasser zu schleppen, Kies zu schaufeln, Zement zu mischen und vieles andere mehr. Nach einem gemeinsamen Sonntagsgottesdienst ging es dann wieder zurück nach Kalkar in eine neue Unterrichtswoche.

Die Freiwilligen waren auch imstande, die Wasserleitung selbst zu installieren. Einer von ihnen hatte einige Erfahrung als Klempner und gab sein Wissen weiter. Ernie hörte von einer Firma, die Spülbecken herstellte. Er fuhr hin, stellte die Arbeit vor und sagte:

»Wir brauchen Waschbecken für unsere Schlafräume. Haben Sie welche, die aus der Mode gekommen sind und die Sie billig abgeben können?«

»Wir haben Dutzende hier, die wir euch geben können«, war die überraschende Antwort. Sie waren etwas veraltet, aber die Bibelschule konnte sie gut brauchen.

Als nächstes brauchten sie eine Heizung für das große, dreistöckige Gebäude. Ihr günstigstes Preisangebot war 25 000 DM. Ernie beauftragte einen Nicht-Christen mit der Installation. Der Vertrags-Handwerker schrieb dem Hersteller, daß die Schule eine gute Sache sei und bat um einen noch günstigeren Preis. Um seinetwillen erhielten sie 15 % Ermäßigung. Als die Arbeit fertiggestellt war, ging Ernie zu ihm und erklärte, daß sie das Geld immer noch nicht beisammen hätten. Er sagte: »Das macht nichts, ihr werdet schon zahlen, wenn ihr das Geld habt.« Einige Wochen später ging Ernie wieder zu ihm – ohne Geld. Seine Antwort war: »Ihr macht euch ja mehr Sorgen um das Geld als ich.«

Es machte Ernie wirklich Sorgen, daß sie das Geld schuldeten, und so setzten er und andere Lehrer einen Tag des Gebetes fest. Der 11. Februar 1963 war dieser Termin – und Ernie berichtete den Bibelschülern über ihre Finanzlage. Sie stimmten alle überein, daß sie den Herrn um 15 000 DM bitten wollten, die bis Ende Februar eingehen sollten. Die Bibelschüler begannen auch selbst auf die Not zu reagieren. Ihre Spenden und Gaben füllten Ernies Briefkasten. Die ungeraden Beträge ließen erkennen, daß sie ihre Geldbeutel ausgeleert hatten. Es kamen über 5000 DM zusammen. Einer von ihnen verkaufte seinen Anteil an einer Kiesgrube und spendete den ganzen Erlös – 4000 DM.

Das Geld begann auch aus entfernteren Quellen zu fließen. Einige junge Leute, die vor Jahren bei Ernies Windheimer Evangelisation gerettet worden waren, hatten ebenfalls einen Verkündigungsdienst begonnen, indem sie zu den Alten und Kranken gingen und für sie sangen. Manchmal bekamen sie zum Dank dafür ein paar Pfennige. Das wurde gespart und in jener Zeit der Bibelschule zugeschickt, ohne daß die jungen Leute etwas von der Not gewußt hätten.

Eine Dame spendete einige Ringe und etwas Schmuck. Als Altgold hatten sie nur einen Materialwert von 88 DM. Darryl erwähnte, daß da im vierten Stock ihres Wohnhauses jemand wohnte, der eine Menge alter

Sachen hätte – so zeigte Ernie ihm die Schmuckstücke. Die Ringe paßten seiner Frau genau, und Ernie nannte einen Preis von 1000 DM. Das klang wie ein nettes rundes Sümmchen. Der Mann ließ sie durch einen Juwelier schätzen und bot Ernie tags darauf 850 DM, was dieser erfreut annahm.

Eine andere wohlhabende Dame versprach, eine Spende von 10 000 DM zu senden.

Bis Ende Februar waren über 17 000 DM eingegangen. Am 3. März kamen auch die erwarteten 10 000 DM an, und die Schule konnte die Rechnung für die Heizungsanlage voll bezahlen.

Im Herbst 1962 zogen 72 Bibelschüler in den Rohbau ein. Mädchen und Burschen waren gleicherweise begierig und bereit, beim Fortschreiten der Bauarbeiten so weit wie möglich mitzuwirken, und so verputzten sie als erstes ihre Zimmer, wiederum angeleitet von Herrn Friedrich. Jede freie Stunde wurde genutzt.

An das Wohnhaus angebaut entstand noch ein kleineres Gebäude mit Speise- und Versammlungssaal im Erdgeschoß, sowie Küche und Kartoffelkeller im Untergeschoß. Dieser Keller diente anfangs als Eßraum, Kapelle und Klassenzimmer. Man hatte kalte Füße, und das Kondenswasser tropfte von der Decke herunter, denn der Winter war kalt. Daher war die Freude groß, als bis Weihnachten das Dach fertiggestellt war und sie nach oben ziehen konnten.

*

Nach langem Suchen fanden die Klassens einige Kilometer entfernt eine Wohnung. Sie zogen im Frühjahr um. Als Ernie seine Familie bei der Behörde anmeldete, fragte er die Büroangestellten:

»Sind Sie für den Himmel angemeldet? Ist für Sie dort eine Wohnung reserviert?«

Ihr überraschter Blick ließ erkennen, daß das Thema in dieser Umgebung ungewöhnlich war. Aber neugierig fragten sie:

»Herr Klassen, wo sollen wir uns anmelden?« Er erwiderte ihnen: »Gott selbst kümmert sich um die Anmeldung, und wenn Sie ihn anrufen, wird er sicher einen Platz für Sie frei halten.«

Es gab nur einige gepflasterte Straßen, denn die Bibelschule lag in einem neuen Gebiet der Stadt. Folglich waren die Autos und Nummernschilder oft sehr verschmutzt. Ernie war nicht überrascht, als ihm eines Tages ein Polizist bis nach Hause folgte. Er stieg aus seinem Auto und kam auf Ernie zu.

»Mein Herr, ich glaube, ich weiß, was ich verbrochen habe«, kam Ernie ihm schnell entgegen. »Mein Nummernschild muß gewaschen werden, und das will ich auch gleich tun.«

»Sie müssen 4 Mark Strafe bezahlen.«

»In Ordnung. Sie haben mich verwarnt und mich eine Strafe zahlen lassen. Könnte es aber sein, daß so, wie ich mit meinem Nummernschild nachlässig war, Sie mit Ihrer Beziehung zu Gott nachlässig waren? Ich möchte Sie verwarnen, Gott beobachtet uns immer. Leben Sie vor ihm nicht nachlässig?«

*

Ernies Ziel war, so viele junge Menschen wie möglich in die Bibelschule zu bringen, um sie für die Arbeit im Reich Gottes vorzubereiten. Jesus sagte: »Himmel und Erde werden vergehen, aber meine Worte werden nicht vergehen.« Das war für Ernie eine gute Grundlage, das Bibelstudium anzuregen. Seine Praxis war, junge Ehepaare zu besuchen, die sich beworben hatten, und ihnen zu helfen, daß sie Quartier fanden. Zimmer waren sehr gesucht, aber immer fand sich irgendwo eine Wohnmöglichkeit. Ernie hatte Möbel angesammelt, die hergeschenkt worden waren, und damit half er Jungverheirateten.

Ein Ehepaar, das heute in Lima, Peru, arbeitet, drückte den Wunsch aus, die Bibelschule zu besuchen. Er war 29 Jahre alt, hatte einen guten Verdienst und drei Kinder – doch er fühlte, daß es Gottes Wille war, daß er in biblischem Wissen geschult würde. Ernie fuhr 650 Kilometer weit, um ihn zu treffen und zu ermutigen. Sie hatten erst vor sechs Monaten ein neues Haus bezogen und sich ganz neue Möbel gekauft. Er fragte sie: »Wollt ihr all das zurücklassen?«

»Ja, wir spüren, daß wir zur Bibelschule gehen sollen«, war die bestimmtc Antwort. So organisierte Ernie eine Wohnmöglichkeit für sie in einem 400 Jahre alten Haus. Die Wärmezirkulation war schlecht, und die Wände waren feucht, aber die Miete kostete nur 60 DM monatlich. Die Familie brachte nichts mit – alles wurde verkauft oder weggeschenkt. Sie wollten gleich von Anfang an dem Herrn vertrauen, und Ernie bestärkte sie darin. Ihre Behausung war mit einer besonderen Auswahl von Trödel eingerichtet. Nach drei Monaten Unterricht besuchte Ernie sie. Er sagte zu Monika: »Wenn ich sehe, wie ihr jetzt hier lebt, und wenn ich daran denke, w-e ihr dort eingerichtet wart, frage ich mich: Wie schafft ihr das?«

»Oh, ich bin sehr glücklich! Dort mußte ich den Kindern immer sagen, wo sie nicht hinfassen durften, daß sie den Teppich nicht schmutzig machen sollten oder die Möbel verkratzen. Aber jetzt können wir auf der Couch und den Stühlen herumhüpfen und das Leben so richtig genießen.« Ernie fühlte sich an Jesu Ausspruch über den »trügerischen Reichtum« erinnert.

Ein weiteres Paar besuchte er kurz nach ihrer Bekehrung, um sie zum Besuch der Bibelschule zu ermutigen. Er fand für sie und ihre beiden Kinder eine sehr kleine Mansardenwohnung. Im ersten Jahr schlief das Ehepaar in einem nur 70 cm breiten Armee-Feldbett. Nach ihrem Bibelschulabschluß gingen sie nach Nepal.

*

Zu Gottesdiensten in Süddeutschland nahm er einmal den dreizehnjährigen Keith mit. Sie hatten oft nur ein gemeinsames Bett, und Ernie war erstaunt, wie gut Keith beide Sprachen beherrschte. Eine Nacht sprach er im Traum Deutsch und in der nächsten Nacht Englisch!

Im Frühjahr 1965 fuhren Klassens auf Urlaub nach Hause. Sie planten, ein Jahr zu bleiben, denn der Schulbesuch wurde für ihre drei ältesten Kinder zum Problem.

Die deutsche Volksschule ging nur bis zur 8. Klasse, und nun kamen sie ins High-school-Alter.

Im gleichen Sommer erfuhren sie, daß das Janz-Team eine High-school für ihre eigenen Kinder in der Schweiz startete, und daß die Kinder von Klassens dort auch willkommen wären. Die Pläne wurden rasch umdisponiert, und im Oktober reisten sie zurück. Erma und die Kinder wurden in einer Wohnung in Lörrach, Süddeutschland, untergebracht, und Ernie fuhr nach Norden, um seinen Lehrdienst in Brake fortzusetzen. Einmal monatlich fuhr er die 1300 km hin und zurück, um sie zu besuchen. Das war eine mühselige Angelegenheit, aber die Bibelschule war noch im Wachstum und brauchte ihren Verwalter und Baudirektor. Nach zwei Jahren konnte Erma wieder nach Norden ziehen.

*

Im Jahr 1966 konfrontierte Adolph Runkel Ernie mit dem Angebot:

»Du mußt auf dem Schulgelände wohnen, um das Bauprogramm zu leiten. Ich will euch ein Wohnhaus bauen, wenn ihr das Material beschaft.« So wurde das zweite Haus für den Lehrkörper gebaut.

Als nächstes nahm man ein Wohnhaus für die jungen Männer in Angriff. Ernie beauftragte diesmal eine Firma damit, den Rohbau zu erstellen. Die finanzielle Situation der Schule sah auch in diesem Sommer nicht gut aus.

Eines Montags im August sagte der Firmenchef zu Ernie: »Herr Klassen, am Samstag brauche ich 15 000 DM.« Er antwortete: »Herr Großmann, wir haben das Geld nicht, aber ich bin sicher, daß wir es bis Samstag haben werden.«

Die Schule lag verlassen – sogar der Lehrkörper war fort. Ernie war sicher, daß er das Geld leihen müsse, obwohl das nie zuvor der Fall gewesen war und er es nicht wollte. Für alle Fälle jedoch ging er zur Bank und fragte, ob sie den Kredit sehr kurzfristig würden bekommen können. Die Bank versicherte, daß es keine Probleme geben würde. Ernie beschloß, bis Freitag zu warten.

Am Donnerstag erhielt er einen Brief von einer Person, die er einmal kurz in der Schweiz kennengelernt hatte. Darin lag ein Scheck über 6000 Schweizer Franken – damals etwa 5000 DM wert.

Am Freitag hatte Ernie eine Verabredung, einen Freund zu besuchen. Sie genossen ihre Gemeinschaft und Ernie vergaß für kurze Zeit ganz, an die finanziellen

Nöte zu denken. Als er sich verabschiedete, wurde ihm ein Briefumschlag ausgehändigt mit der Bemerkung: »Dies ist für eure Arbeit.«

Ernie steckte ihn in seine Tasche – aber schon nach kurzer Zeit öffnete er ihn. Da lag ein Scheck über 10 000 DM! Am Samstag händigte er der Vertragsfirma 15 000 DM aus.

Diese Genauigkeit der Fürsorge des Herrn machte Eindruck auf Ernie. Er schrieb an Ken Robins daheim am New Brunswick Bibel-Institut und berichtete, wie wundervoll Gott zur rechten Zeit den richtigen Geldbetrag beschafft hatte. Kens Antwort war: »Ernie, wenn Gott dir eine Hose spendiert, weiß er gewiß, welche Größe du trägst!«

Es gab ein 1200 qm großes Stück Land, das wie eine Bucht in das Schulgelände hineinragte. Die Besitzerin sagte, daß sie es niemals verkaufen würde, denn es war eine Erbschaft und – da sie die Schule nicht leiden konnte – erst recht nicht an diese Leute! Nun war jedoch dieses Grundstück auf drei Seiten von Gebäuden eingeschlossen. Sie selbst wollte dort nicht bauen, und niemand sonst wollte es kaufen, weil es so vom Bibelschulgelände umschlossen war. Da fing sie an, es sich zu überlegen.

*

Jedes Jahr im März führten die Bibelschüler und die Lehrerschaft eine Woche lang evangelistische Versammlungen durch. Das war eine praktische Übung für alle, und gleichzeitig wurde eine Stadt mit dem Evangelium erreicht. 1966 wählten sie dafür das nahegelegene Paderborn aus, eine zu 95 % römisch-katholische Stadt.

Am Tag bevor sie dorthin aufbrachen kam ein Brief

von dem Mann, von dem sie den Saal für die Gottesdienste mieten wollten. Dieser schrieb, er würde den Saal »nie und nimmer« an sie oder sonst welche Protestanten vermieten. Aber sie beschlossen, trotzdem hinzufahren. Sie wohnten in einer Jugendherberge, machten täglich Hausbesuche, verteilten Traktate und hatten auch die Möglichkeit, in vielen Schulen zu sprechen.

Ernie machte auch Hausbesuche. Eines Tages stand er unerwartet vor dem Haus des Erzbischofs. Nach einigem Zögern beschloß er, diesen auch zu besuchen, wie er jeden andern besuchte. Er klopfte an das Tor. Eine Nonne öffnete ihm und führte ihn zum Erzbischof. Nachdem er sich vorgestellt hatte, sagte Ernie:

»Ich dachte, es käme Ihnen gelegen, aus erster Hand zu erfahren, was wir hier tun.« Er berichtete ihm von ihren Hausbesuchen und dem Unterricht in den Volksschulen, erzählte ihm die Geschichte der Bibelschule und gab sein Zeugnis, wie er im Alter von sechzehn Jahren errettet worden war, mit siebzehn getauft, wie er dem Herrn sein Leben geweiht hatte und nun in Deutschland war, um die Bibel zu lehren. Dann fügte er hinzu: »Nun habe ich Ihnen mein Zeugnis gegeben – warum geben Sie mir nicht Ihres?« Der Erzbischof ignorierte diese Anregung und sagte statt dessen: »Das war sehr interessant. Ich möchte, daß Sie zu Professor Glaser gehen, der für die ökumenische Bewegung in der römisch-katholischen Kirche verantwortlich ist, und ihm dieselbe Geschichte erzählen.«

Ernie ging auf diese Empfehlung zu dem Priesterseminar und erzählte seine Geschichte noch einmal. Professor Glaser war nicht so aufnahmewillig wie es der Erzbischof gewesen war. Aber beiden war das Evangelium klar dargestellt worden.

Durch die Woche in Paderborn wurde das ganze Geld

der Schule aufgebraucht. Ernie zahlte für die Busfahrt, die Unterbringung in der Jugendherberge, das Essen und andere Ausgaben. Er mußte in die eigene Tasche greifen, um all diese Kosten abdecken zu können. Die Kollekte hatte 10 DM in der ganzen Woche eingebracht – die Ausgaben betrugen 5000 DM. Sie waren pleite!

Kurz nach ihrer Rückkehr nach Brake ließ die Besitzerin des kleinen Grundstücks Ernie wissen, daß sie für 32 000 DM in bar bis zum Ende des Monats kaufen könnten. Er wußte, daß es nicht viel Hoffnung gab, daß sie bis Monatsende eine so große Summe besitzen würden. Aber er hatte die Rechnung ohne Gott gemacht.

Auf verschiedenste Art und Weise kam das Geld herein, und am Ende des Monats konnte Ernie mit 32 000 DM in bar zum Notar gehen. Er hatte einen ganzen Koffer voll Geld. Die Dame war sprachlos!

»Sie hätten einen Scheck bringen sollen!«

»Nein, Sie verlangten den Preis in bar«, erwiderte Ernie. Er ließ sich nicht drankriegen.

*

In Europa zu reisen bedeutet, oft Grenzen zu überschreiten. Deshalb verließ Ernie selten sein Haus ohne Reisepaß. Aber einmal vergaß er ihn doch. Er hatte einen Dienst in Holland, und erst als er an der Grenze war, fiel ihm auf, daß er keinen Paß dabei hatte. Sie verlangten den Paß.

»Aber ich bin ein Bibelschullehrer!« Das bedeutete ihnen gar nichts. Verzweifelt durchsuchte er seine Brieftasche nach etwas, das ihn identifizieren konnte. Er fand eine Broschüre der Schule, die zufällig auch sein Bild zeigte. Er wies es den Grenzwachen vor und erklärte, daß er da arbeite. Sie sahen das Foto an und glaubten ihm. Sie erlaubten ihm, nach Holland einzureisen.

*

Bei einer Evangelisation in Süddeutschland kamen eines Abends sechs Frauen im Alter von über 65 Jahren nach vorne. Sie wollten wissen, ob sie errettet waren oder nicht. Vor etwa 40 Jahren hatten sie sich einer kleinen Gruppe angeschlossen und waren seither regelmäßig Teilnehmer gewesen, aber sie waren sich nicht sicher, ob sie damals eine Entscheidung getroffen hatten. Ernie betete mit ihnen: »Herr, falls wir nicht schon vorher gerettet waren, kommen wir heute, um dich aufzunehmen.« Dann riet er ihnen: »Vergeßt die Vergangenheit. Heute ist der 28. Juni, und es ist 10.30 Uhr abends. In diesem Augenblick wurdet ihr im Zelt auf dem Fischmarkt-Platz wiedergeboren. Wenn der Teufel dies morgen in Frage stellt, sagt ihm: ›Um 10.30 gestern Abend habe ich Jesus aufgenommen, und dafür habe ich Zeugen!‹« Die sechs Frauen gingen mit dem sicheren Bewußtsein ihrer Erlösung nach Hause.

*

Ernie versucht, biblische Prinzipien bei sich selbst und bei andern anzuwenden. Als er ein älteres Auto fuhr, stellte er fest, daß es auf drei Zylindern lief statt auf vier. Er wußte, daß er den Motor bald austauschen mußte. Es kam ihm der Gedanke: »Du solltest Gott dafür danken. Die Bibel sagt: Danket für alles . . .«

Es schien verrückt, aber er betete: »Herr, ich verstehe das nicht, aber ich danke dir! Danke, daß das Auto auseinanderfällt.«

Gott brachte ihn auch mit den drei Zylindern heim, und er ließ den Motor reparieren. Er erzählte den Vorfall später bei einer Predigt und wie er gelernt hatte, auch für Unangenehmes zu danken. Nach dem Gottesdienst kam ein Mann zu ihm und sagte: »Mir gefällt diese Geschichte so gut, daß ich Ihnen dafür etwas geben möchte«, und er händigte Ernie eine Rolle Geldscheine aus, mehr als genug, das Auto reparieren zu lassen. Der Herr hatte wieder einmal sein Wort bestätigt und Fürsorge getroffen.

*

Als Erma und die Jungen zu Schuljahrsbeginn wieder südwärts nach Lörrach zogen, erwartete sie eine Überraschung. Die Wohnung war den Sommer über untervermietet worden, und die Untermieter wollten nicht einfach ausziehen, bloß weil der Sommer vorüber war. Es brauchte viele Wochen und eindringliches Zureden, sie herauszukriegen.

Im Frühling 1967 ließ sich die Familie schließlich fest in Brake nieder. Die beiden älteren Söhne verließen Deutschland, um für ihr Junior- und Senior-Jahr an dic Caronport-High-School in Saskatchewan zu gehen. Ernie konnte wieder einmal daheim leben. Die Kinder waren nun älter, und Erma hatte mehr Zeit. Ernie sprach zu dieser Zeit im Unterricht über die Verkündigung von Mensch zu Mensch und spürte, daß er das, was er lehrte, in die Praxis umsetzen sollte. Daher startete er eine neue Art von »Evangelisation«: Er lud Geschäftsleute, die er durch seine Tätigkeit als Geschäftsführer kennengelernt hatte, mit ihren Ehefrauen zu sich nach Hause zu einem »kanadischen Essen« ein. (Alles, was eine Kanadierin kochte, war »echt kanadisch«!) In die Tischgespräche wob Ernie einige Geschichten vom Zeugnisgeben ein, aber er sprach in der dritten Person.

Er erzählte zum Beispiel, wie er einen Anhalter mitnahm und ihm sagte: »Dich mitzunehmen ist ein Risiko. Ich weiß nicht, ob ich dich nicht vielleicht gerade zu einer Bank bringe, die du ausrauben willst, ob du nicht ein Auto stehlen oder eine Frau vergewaltigen willst. Es ist nicht so wichtig, daß du da hinkommst, wo du hinwillst, aber es ist sehr wichtig für dich, daß du die Botschaft hörst, die ich für dich habe, wie du dich vorbereiten mußt, um Gott zu begegnen.« Er erzählte dann, wie er den Anhalter einlud, sich ihm auf seinem Weg zum Himmel anzuschließen.

Die Gäste konnten aufmerksam zuhören, ohne sich bedrängt zu fühlen. Er unterhielt sich ungezwungen mit ihnen und zog nach dem Essen ein Gesellschaftsspiel hervor, um die Atmosphäre zu entspannen und jedermann zum Lachen zu bringen. Ernie meint, man könne mit jemandem beten, den man nicht mag – aber man könne mit niemandem lachen, ohne ihn zu mögen. So versuchte er, sie gemeinsam zum Lachen zu bringen. Bevor die Gäste sich verabschiedeten, schlug er vor: »Laßt uns noch etwas aus der Bibel lesen.« Danach erzählte er, wie er zum Glauben gekommen war und fragte sie, ob sie ihrer Erlösung gewiß waren. Über die Jahre hinweg nahmen durch diese behutsame Hinführung viele Leute Jesus bei ihnen zu Hause an.

Als Geschäftsführer sah Ernie eine Menge Händler. Er rechnete immer damit, daß das Gewissen derer, denen er Zeugnis gab, erreicht wurde. Als er einmal zu einem hartgesottenen Geschäftsmann über den Herrn sprach und damit gar nichts erreichte, sah er ihm gerade in die Augen und sagte:

»Mein Herr, ich bin kein Prophet, aber ich bin sicher,

daß irgendwo tief in Ihrem Herzen eine kleine Stimme sagt: Du solltest auf die Worte dieses Mannes horchen!«

Er sah Ernie erstaunt an und gab zu:

»Sie haben recht. Gestern war ich auf dem Begräbnis eines meiner Kollegen, und den ganzen Weg hierher habe ich heute an den Tag gedacht, an dem ich vor Gott stehen werde. Und jetzt reden Sie so zu mir!«

*

Der Ausbau der Schule wurde fortgesetzt, weil sich auch ständig mehr Interessenten bewarben. 1968 wurde der Bau einer Sporthalle angefangen. Bei Konferenzen dient sie als großer Versammlungsraum, und die übrige Zeit wird dort Sport getrieben.

Klassens nahmen einen kurzen Heimaturlaub, da sie wieder an der Reihe waren. Im Herbst wurde beschlossen, daß Erma den vier Kindern ein Zuhause in Upland im Staat Indiana bereiten solle, wo Heather zur Schule ging, während Ernie nach Deutschland zurückkehren sollte, um dort zu unterrichten. Sie kauften einen Wohnwagen und stellten ihn nahe beim Schulgelände auf. Darryl bekam einen Job in der Schulküche, und Keith trat als Student im ersten Semester in die Taylor-Universität ein. Paul war in der Junior-High-School. Wieder waren Ernie und Erma getrennt. Es war ein herrlicher Tag, als der Ehemann und Vater gerade rechtzeitig zum Weihnachtsfest nach Hause kam und den Rest des Schuljahrs dablieb.

Indiana war für ihn ein neues Territorium, und er mußte neue Kontakte schließen. Da es ihm ein Verlangen war, zu dienen, nahm er jede Gelegenheit dazu wahr. Asbury Wolfe, ein Freund aus der Zeit in Deutschland, bat ihn, in Florida und Alabama Versammlungen zu leiten. Asbury arangierte auch Gottesdienste in mehreren Methodistenkirchen. Am ersten Abend, als ein Ehepaar nach vorne trat, fragte Ernie fest: »Seid ihr gewiß, daß ihr errettet seid?« Sie hatten keine Gewißheit, und er half ihnen, diese Gewißheit zu bekommen. Viele ältere Menschen wurden durch seinen Dienst in den Südstaaten errettet.

Für den Frühling hatte er eine Woche evangelistischer Versammlungen in Ohio vorgesehen. Der erste Gottesdienst am Ostersonntag war gut besucht. Ernie leitete seine Ausführungen so ein: »Ich werde jeden von euch während dieser Woche besuchen, und ich komme mit zwei Fragen: 1. Bist du ein Christ? 2. Wie kannst du das wissen?«

Der Pastor war kein Evangelikaler. Tatsächlich wußte Ernie in der ganzen Gemeinde nur von einer Dame, daß sie errettet war – das war die Dame, die für sein Hiersein verantwortlich zeichnete. Es war eine großartige Woche, und Ernie machte jedermann froh. Einige waren froh, daß er kam, und viele waren froh, als er wieder ging. Jedoch, 13 Bekehrungen fanden in Privatwohnungen statt, und Ernie fand, daß sich diese Woche gelohnt hatte.

Mehrere neue Gemeinden beteiligten sich am Unterhalt der Familie Klassen, was diese sehr zu schätzen wußte – und noch viel mehr Gemeinden erfuhren durch sie von der Arbeit, die in Europa geleistet wurde. Am Ende des Sommers kehrten Ernie und Erma mit Keith und Paul nach Deutschland zurück. Darryl blieb in Banff, Alberta, und Heather in Chicago, Illinois.

Besuche bei ehemaligen Schülern

Es gab nun inzwischen mehrere hundert Bibelschul-Absolventen in ausländischen Missionsgebieten. Die meisten von ihnen kamen nicht aus christlichen Elternhäusern oder evangelikalen Gemeinden, so daß sie auf ihrem Missionsfeld ziemlich alleingelassen waren. Sie mußten meist auch noch die englische Sprache lernen, um mit ihren Mitarbeitern reden zu können, denn das ist die Sprache vieler Missionare. In der Bibelschule war Ernie (liebevoll »Onkel Ernie« genannt) für viele nicht nur Lehrer, sondern auch ihr Freund, Seelsorger und Ersatzvater gewesen. Ein wohlhabender deutscher Geschäftsmann, der all dies wußte, bat Ernie, diese Missionare auf seine Kosten zu besuchen, um ihre Arbeit hautnah zu erleben und sie zu ermutigen.

So kam es, daß Ernie im Frühling 1970 seine erste Asienreise unternahm. Er war kein gewöhnlicher Reisender. Bei einem Zwischenaufenthalt in einem Hospiz in Jerusalem saßen einige Touristen und ein jüdischer Arzt in gelangweiltem Schweigen herum, bis Ernie vorschlug, »Pit«, ein lustiges, amerikanisches Spiel zu spielen. Er hatte nämlich zufällig eines dabei. Nach einigen Spielrunden lachten alle, und der Abend verging schnell.

Tags darauf nahm er einen Bus nach Nazareth, um einen Freund zu besuchen. Neben ihm kam ein 22 Jahre alter jüdischer Soldat zu sitzen. Im Verlauf des Gesprächs fragte Ernie ihn: »Was ist das wichtigste Ziel deines Lebens?«

»Ich möchte ein guter Soldat für Israel sein«, antwortete er.

Als Ernie anfing, ihm das Evangelium vorzustellen, protestierte er: »Wir Juden sind gerade von Christen schlechter behandelt worden als von allen andern.« Ernie stimmte zu: »Ja, wenn ich an den 2. Weltkrieg denke und daran, was Juden durch die Hand der Deutschen erlitten, die sich selbst als christliches Volk betrachten, muß ich dir recht geben. Aber nicht jeder, der sich Christ nennt, ist wirklich einer.«

Er zog einen Hundertmarkschein und ein anderes Stück Papier heraus und sagte: »Niemand würde versuchen, dieses wertlose Stück Papier zu fälschen. Aber der Hundertmarkschein wäre solche Mühe wert. Ein Fabrikbesitzer sagte mir einmal, das größte Kompliment, das man ihm machen könne, wäre es, seine Waren nachzumachen. Es gibt keine gefälschten Atheisten, aber viele gefälschte Christen.« Der Soldat begann sich für das, was Ernie sagte, zu interessieren.

Zum Osterfest flog er über Zypern nach Amman, Jordanien. Der Absolvent, der hier diente, nahm ihn zu einer Brüderversammlung mit, wo er zu 250 Brüdern sprach, die sich trotz der Kämpfe und Bombardements versammelt hatten. An diesem Nachmittag nahmen zwei Familien aus der indischen Botschaft Ernie zu einer Besichtigung mit. Wie es indische Gewohnheit ist, gingen die Männer Hand in Hand. Natürlich kam Ernie sich dabei komisch vor. Aber auch hier konnte er über das Evangelium reden, weil er begriff, daß dieser Kontakt kein Zufall war.

Sein nächster Aufenthalt war in Neu Delhi, Indien. Auf dem Flugplatz trat er an einen uniformierten jungen Mann heran und begann ein Evangelisationsgespräch, indem er oft auf die Bibel hinwies, die er mit sich trug. Zum Schluß fragte er den jungen Mann, was seine Uniform bedeute.

»Ich bin angestellt, um Touristen zu führen, die nach Indien kommen.«

»Gut«, rief Ernie aus, »ich bin zum erstenmal in Indien. Sag mir, was ich besichtigen soll.«

»O nein, was Sie mir über die Bibel erzählen, ist viel interessanter. Trinken wir doch eine Tasse Kaffee zusammen, und Sie können mir dabei noch mehr erzählen.« Zwei Stunden lang gab Ernie Gottes Geheimnis weiter (1. Kor. 4, 1 sagt, daß Gott uns seine Geheimnisse offenbart hat). Er wies darauf hin, daß man Geheimnisse nur seinen besten Freunden mitteilt – und als solche betrachtet Gott die Christen.

Von Indien reiste er nach Nepal. Während er in einem fast leeren Flugzeug über den Himalaya flog, hatte er Gelegenheit, mit einer Stewardeß zu sprechen.

»Haben Sie je die Bibel gelesen?«

»Nein.«

»Warum lesen Sie nicht Johannes, Kapitel 3 aus meiner Bibel? Dann können Sie nie mehr sagen, daß Sie die Bibel nicht gelesen haben. Johannes 3 sagt uns, wie wir die Dinge Gottes verstehen können – nämlich dadurch, daß wir gerettet werden.«

Als er nach Burma einreiste, bemerkte Ernie zu dem Beamten, der seinen Paß überprüfte:

»Das ist ein sehr wichtiges Dokument, ohne das ich nicht in das Land einreisen könnte. Aber es muß richtig unterzeichnet und gestempelt sein, um gültig zu sein. Wäre es nicht großartig, wenn Sie den richtigen Stempel hätten für den Augenblick, da Sie an der Himmelstür stehen? Wenn nicht, so werden Sie nicht hineingelassen.«

Der Bibelschulabsolvent, den Ernie in Burma besuchte, fuhr mit seinem Motorrad und Ernie mit dem einzigen Gläubigen in der Gemeinde, der ein Auto besaß – oder was davon übrig war. Das rückwärtige Fensterglas fehlte, die Reifen waren abgefahren, und es mußte zum Starten angeschoben werden. Obwohl die Menschen sehr arm waren, bestanden sie darauf, ein Liebesopfer für die Bibelschule in Deutschland zusammenzulegen, von der ihr Missionar ausgesandt worden war.

Wegen politischer Spannungen mußte Ernie Pakistan auf dem Umweg über Afghanistan erreichen. Ein amerikanisches Pensionistenehepaar holte ihn am Flughafen ab und nahm ihn in ihr Hotel mit. Diesen Abend lud der Gastgeber Ernie ein, einen jungen Mann mit ihm zu besuchen, der wegen eines Unfalls mit einem betrunkenen Fahrer im Krankenhaus lag. Nach nur ganz kurzem Gespräch nahm der Patient den Herrn an. Er bat, sie sollten auch seiner Frau Zeugnis geben, denn seine Ehe stand vor der Scheidung, und er hoffte, diese Botschaft würde ihr helfen.

Ernie und sein Gastgeber besuchten diese Frau, die aus Puerto Rico stammte, und ihre drei Töchter. Sie erzählte von ihrem Versuch, sich und die Mädchen zu erschießen, und als das nicht klappte, hatte sie die Türe versperrt und das Gas geöffnet. Alle ihre Selbstmordversuche waren unterbrochen worden.

Ernie drängte sie, Gott eine Chance zu geben. Endlich stimmte sie zu, und sie beteten zusammen.

Vier Monate später hatte Ernie die große Freude, zu erfahren, daß das Paar in seinem neugefundenen Glauben wuchs.

Während seines Aufenthaltes wurde er gebeten, in der einzigen christlichen Kirche zu sprechen, die noch erhalten war. Nach dem Gottesdienst wurde er der Gesandten von Barbados vorgestellt. Im Verlauf ihres Gespräches fragte er:

»Sind Sie Christ?«

»Ja.«

»Wann sind Sie Christ geworden?«

»Ich bin als Christ geboren.«

»Das ist sonderbar«, bohrte Ernie nach, »Jesus sagte: Wenn ihr nicht wiedergeboren werdet, könnt ihr das Himmelreich nicht betreten. Vielleicht verstehen Sie nicht, was es bedeutet, Christ zu sein.« Er erklärte ihr das Evangelium und fragte, ob sie bereit sei, den Herrn Jesus anzunehmen. Sie war willens und vollzog das auf der Stelle.

Wieder auf seiner geplanten Reiseroute, traf er zu seiner Überraschung die Tochter seines Volksschullehrers, die er seit 40 Jahren nicht mehr gesehen hatte. Sie arbeitete als Missionarin in einem Krankenhaus in Pakistan und bat ihn, zu den Pflegerinnen zu sprechen. Gott segnete sein Zeugnis von der Erlösung durch Jesus, und sechs Mädchen bekannten, daß sie den Herrn annehmen wollten. Die Missionare waren dadurch sehr ermutigt, denn sie sahen so ihre ersten Bekehrungen.

Die Heimreise unterbrach er in Teheran, Iran, um eine ehemalige Bibelschülerin zu besuchen. Sie hatte erst am Vortag ihren Führerschein gemacht, und der Verkehr war schrecklich! Ernie erinnert sich lebhaft an diese Fahrt durch die Stadt.

Ihr Auftrag war, die deutschen Ehefrauen persischer Männer mit dem Evangelium zu erreichen. Die wirtschaftliche Lage in Deutschland hatte Fremdarbeiter zur Rückkehr in ihre Heimatländer gezwungen, und ihre Frauen waren natürlich mitgekommen. Aber es war ein schwieriges und einsames Leben für diese Frauen unter den islamischen Gesetzen.

Gemeinsam besuchten sie eine dieser Frauen. Kurz nach ihrer Ankunft brach sie zusammen und weinte und bekannte, daß sie mit 19 Jahren gläubig geworden war. Aber sie lebte nicht für den Herrn, sondern heiratete einen Mohammedaner und war nun sehr, sehr unglücklich. Sie ermutigten sie, einen Neubeginn mit dem Herrn zu machen und erinnerten sie daran, daß Gott noch immer einen Plan für ihr Leben habe.

Ernie wollte einen Termin für einen Gottesdienst in der Lutherischen Kirche in Teheran vereinbaren, aber dieser Abend war schon reserviert für den »Deutschen Club« – dessen Zweck es war, gottlose Partys zu feiern. Es war die einzige deutsche Kirche in Teheran, und das war ihre Art von Arbeit!

Auf der Rückfahrt dachte er über die Reise nach. Er war froh, daß es ihm gelungen war, Christen zu ermutigen, Freundschaften zu erneuern und Menschen zum Herrn zu führen. Aber wie wunderschön war es, heimzukehren!

*

Wieder seßhaft geworden, begann er sein Interesse auf die Förderung des Verkaufes von deutscher christlicher Literatur zu richten. Die Bibelschule hatte immer Bücher zur Hand, um sie an jeden Interessierten zu verkaufen, aber Ernies Träume waren größer. Gerade als er begann, nach einem Verkaufsauto für Bücher Ausschau zu halten, wurde ein älteres Auto gespendet, das sich gut dafür eignete. Zwei Automechaniker, die gerade als Freizeitgäste in Brake weilten, machten den Wagen wieder fahrbereit. Die Nachricht vom christlichen Bücherwagen verbreitete sich, und einige Geschäftsleute taten sich zusammen, um für denselben Zweck einen zweiten Wagen zu stiften. Doch nach wenigen Jahren mußte dieser Dienst aufgegeben werden, weil die Koordination zuviel Arbeit erforderte. In der Zwischenzeit wurde ein ehemaliges Schuhgeschäft in der Stadt frei. Die Bibelschule mietete es, und Ernie überwachte die

Einrichtung eines christlichen Buchladens. Er war von Anfang an ein Erfolg.

*

Ernies Bruder Ed starb im November 1970, und Ernie fand, daß er zu einem Besuch nach Kanada zurückkehren müsse. Auch hatte sich sein ältester Sohn Darryl verheiratet, und er hatte Joan, seine Schwiegertochter, noch nicht kennengelernt. Im Dezember traf er in Saskatchewan ein, um seine Mutter, Schwestern und Brüder und besonders Eds Familie zu besuchen.

Ed war auf seinem Sterbebett zum Herrn zurückgekehrt und hatte noch seine große Sorge um seine Kinder zum Ausdruck gebracht, deshalb fühlte Ernie sich verpflichtet, ihnen zu helfen, soweit er konnte.

Von dort fuhr er nach Banff, Alberta, um Darryl und Joan zu sehen. Sie erwarteten ihr erstes Kind – Ernie und Ermas erstes Enkelkind! Rebecca Denise wurde einen Monat nach seiner Rückkehr nach Europa geboren.

Im folgenden Herbst machten Ernie, Erma und Paul eine kurze Reise nach Kenia, Afrika. Sie waren auf Urlaub, aber Ernie besuchte auch dort einige Bibelschul-Absolventen und Freunde.

1972 heiratete Heather, und sie fuhren zur Hochzeitsfeier nach Nordamerika. Es war zugleich ihr 25jähriges Hochzeitsjubiläum, und die Familie veranstaltete eine besondere Feier für sie.

Wieder in Europa, wurde Ernie gefragt, ob er der Bibellehrer auf einer zweiwöchigen Freizeit in Mallorca, einer Mittelmeerinsel vor der französischen Küste, sein wolle. Er leitete dort die Bibelstudien am Morgen und am Abend, doch die Nachmittage dienten der Erholung.

Erma fuhr mit, um es sich im warmen Sonnenschein wohl sein zu lassen.

Sie schlossen Freundschaft mit einem verlobten Paar, das die Insel so sehr liebte, daß sie nach der Hochzeit dorthin zurückkehren wollten. Während der Flitterwochen waren sie dort unterwegs und sammelten interessante Steine, da stürzte er und brach sein Rückgrat. Er starb im Krankenhaus. Nach wochenlangem Papierkrieg konnte sie seine Leiche endlich zum Begräbnis nach Hause überführen. Ernie und Erma nahmen am Trauergottesdienst teil und nahmen dann die junge Frau mit zu sich nach Hause, um sie für einige Zeit von ihrem Trauma abzulenken. Später kam sie wieder, um in die Bibelschule einzutreten.

*

Mit 160 Bibelschülern waren die Kapelle und der Speisesaal total überfüllt. 1972 vergrößerten sie den Raum, und 1974 bauten sie einen Nebenraum an.

So oft wie möglich war Ernie mit freiwilligen Bibelschülern auf den Straßen, predigte und stellte die Schule vor. Zwei Bibelschüler organisierten Versammlungen in ihrer Heimatstadt in Italien, und Ernie verfrachtete Bibelschüler, die mitmachen wollten, in seinem Wagen. Das Team machte Hausbesuche und lud die Leute zu den Gottesdiensten ein. Ein holländischer Bibelschüler hatte eine originelle Art, die Leute dahinzubringen, daß sie ihre Tür öffneten. Er spielte den Bewohnern von draußen ein Ständchen auf seiner Mandoline.

In Österreich wirkte Ernie bei einer Evangelisation von Tür zu Tür mit. Immer bereit, die Wahrheit des Evangeliums praktisch anzuwenden, fiel ihm ein Mann auf, der versuchte, seine Haustüre aufzuschließen. Nach einigen unnützen Versuchen rief er auf einmal laut aus: »Oh weh, ich habe ja den falschen Schlüssel!«

Ernie hörte diesen Ausruf und sagte: »Das ist nicht schlimm. Aber wenn Sie eines Tages in den Himmel kommen wollen und herausfinden, daß Sie den falschen Schlüssel haben – das wäre schlimm! Viele Leute verlassen sich auf einen falschen Schlüssel. Jesus Christus sagte: ICH bin der Weg . . .«

Mit dieser Kurzpredigt händigte Ernie ihm ein Traktat aus und ging seines Weges.

*

Im Herbst 1974 kehrten Klassens auf einen kurzen Urlaub nach Amerika zurück. Sie besuchten ein Seminar über grundlegende Konflikte junger Menschen, das sie sehr segensreich fanden. Zu Weihnachten war die ganze Familie beisammen in einem Haus, das ihnen in Swift Current, Saskatchewan, geliehen worden war.

Es gab jetzt schon drei Enkelkinder, so daß es Erma und Ernie mit dem Herzen mehr und mehr nach Hause, nach Kanada zurückzog. Aber ihre Arbeit in Deutschland war noch nicht abgeschlossen. So packten sie gleich nach Weihnachten ihre Koffer und reisten ab.

Wieder in Asien

In der Bibelschule bahnten sich unterdessen einige Veränderungen an. Marjorie Roos meinte, sie müsse nach England zurückkehren, um sich ihrer kränklichen Schwester anzunehmen, und Ernie und Erma halfen ihr beim Umzug.

Als wenige Jahre später Direktor Parschauer in den Ruhestand ging, nahm Ernies Neffe Doyle seinen Platz ein.

*

Wenn man in Europa lebt, bekommt man viel Besuch aus Nordamerika. Ernie war immer bereit, Freunden und Verwandten die Sehenswürdigkeiten zu zeigen, aber er hielt unterwegs auch Versammlungen ab, damit die Reise nicht nur eine Ferienreise war. Im Frühling 1976 trafen sich Heather und Bonnie, eine Freundin, und drei Nichten zu einer großen Europareise. Ernie lud seine »fünf Mädchen«, Erma und sich selbst in den Transporter, und so fuhren sie los. Mit Ernie zu reisen bedeutete, zu kampieren, irgendwo auf dem Fußboden zu schlafen und die Mahlzeiten am Straßenrand einzunehmen. Ein kleiner Camping-Kocher sorgte für heißes Wasser für den Tee, den Kaffee oder die Suppe. Frisches Brot aus der Bäckerei und Fleisch oder Käse aus dem Lebensmittelgeschäft vervollständigten die Mahlzeit. Nicht alle seine Besucher paßten sich diesem Reisestil an – sein Schwiegersohn war einer davon. Aber den Mädchen machte es Spaß. Der erste Teil ihrer Tour führte sie durch Österreich, die Schweiz und Jugoslawien. In Venedig verbrachten sie einen Tag, kauften ein und aßen natürlich Pizza. Dann kehrten sie für ein paar Tage nach Brake zurück, wo Ernie Zeit fand, seine Post aufzuarbeiten und die Mädchen sich die nähere Umgebung ansahen.

Danach starteten sie zu einer zweiten Fahrt, diesmal nach Holland, Belgien und Luxemburg. Da sie in Holland einen Tag nach der Tulpenblüten-Saison eintrafen, durften sie nach Belieben in den Gärten herumwandern. Doch in Belgien hatte der Transporter auf der Fahrt zum Flughafen eine Panne. Die Zeit drängte sehr, weil die Mädchen ihre Flugkarten nicht verlängern lassen konnten. Ernie fuhr den Transporter in eine Werkstatt und betete, während die Mechaniker die Lage begutachteten. Sie waren imstande, die nötige Reparatur durchzuführen, aber die Verzögerung betrug einige Stunden. Wieder auf der Straße, schlug Ernie vor, sie sollten beten und Gott bitten, einzugreifen und das Flugzeug aufzuhalten. Gebetsversammlungen in Ernies Auto sind nichts Ungewöhnliches.

Endlich am Flughafen, machte sich jeder an die Arbeit. Jedem war eine Arbeit zugewiesen worden, damit keine Zeit verloren ginge. Einige schleppten das Gepäck, während Ernie den Transporter parkte. Ein Mädchen raste zur Abfertigung mit den Pässen und Flugkarten in der Hand. Ihre Gebete wurden erhört! Die Landung von Henry Kissinger an diesem Morgen hatte eine Verspätung der Flüge verursacht. So gingen sie mit Dank an Ernie und Lobpreis zu Gott an Bord. Die vier Wochen hatten den Mädchen viel Freude bereitet, und Ernie fand, das sei das Opfer an Zeit wert gewesen.

1978 kam eine weitere Gruppe von Nichten, um den Sommer über an der Schule zu arbeiten. Als ein Dankeschön nahm Ernie sie in verschiedene europäische Länder mit. Später in diesem Sommer kamen zwei von

Ermas Schwestern mit ihren Ehemännern sowie Heather und Roger zu Besuch. Wieder belud Ernie seinen Transporter für seine Reisegruppe und fuhr südwärts nach Italien. Sie kamen bei Freunden unter und schliefen, wie immer der Gastgeber das anbieten konnte. Seine Beliebtheit als Onkel wuchs, je mehr Verwandte zu Besuch kamen.

*

Die Bibelschule baute immer weiter, da die Zahl der Schüler ständig wuchs. Oft wurden Firmen mit der Arbeit beauftragt. Auf diese Weise konnte Ernie die Bautätigkeit verwalten, ohne immer anwesend sein zu müssen. Zudem war die Unterrichtsstruktur verändert worden, um zu ermöglichen, daß ein Lehrer auch über einen längeren Zeitraum hinweg abwesend sein konnte.

Eine bessere Küche und ein größerer Speisesaal wurden notwendig. Sie benützten bisher denselben Saal als Versammlungsraum und Speisesaal, was bedeutete, daß die Tische und Stühle immer wieder umgestellt werden mußten. Das wurde ein Hauptproblem, wenn Konferenzen stattfanden oder Besucher auf dem Schulgelände wohnten. Die Verwaltung entschloß sich endlich, anzubauen und wählte das Land neben der Sporthalle als künftigen Bauplatz.

Ernie wollte dieses Bauprogramm anders handhaben als die vorigen. Ist Gott denn nicht ein Gott unendlicher Vielfalt? Er bat das Kollegium, ihm zuzustimmen, daß sie mit dem Bau nicht beginnen würden, ehe nicht 100 000 DM für das Projekt eingegangen seien. Alle waren einverstanden.

Ungefähr zu dieser Zeit hörte Ernie von einem Bauern

in Süddeutschland, der die Bibelschule besuchen wolle. Wie gewöhnlich fuhr er hin, lernte ihn kennen und ermutigte ihn, sein Ziel zu verfolgen. Der Bauer konnte seinen Besitz verkaufen und kam im Herbst in der Bibelschule an. Er bot der Schule auch eine Anleihe von 100 000 DM an. Die Verwaltung nahm dies als ein Zeichen vom Herrn, mit dem Bau zu beginnen. Sie stellten eine Vertragsfirma auf täglicher Basis an, das heißt, sobald das Geld verbraucht war, sollte die Bautätigkeit unterbrochen werden, bis wieder Geld hereinkam. Sie hatten es aber nie nötig, zu unterbrechen, obwohl durch die teure Kücheneinrichtung die Endsumme von 100 000 DM noch überschritten wurde. Der Herr war so treu bei diesem Bauprojekt, wie er es auch vordem bei den andern Bauten gewesen war. Und ein Teil der Leihgabe von 100 000 DM wurde zu einer Spende umgewandelt.

Der Gebäudekomplex Küche/Speisesaal umfaßt auch eine Wohnung für einen Angestellten. Das Untergeschoß enthält die Bibliothek, Vorratsräume für die Lebensmittel und Duschen für die Sporthalle. Im Erdgeschoß befindet sich ein »Kamin-Raum«, der für kleinere Gruppen gedacht ist. Die Einrichtung des Gebäudes hielt Ernie sehr in Atem. Ein Freund der Schule spendete den schönen Kamin, ein anderer ließ die indirekte Beleuchtung für den Speisesaal kostenlos anbringen.

Auf der Suche nach Eßtischen wurde Ernie von einem weiteren Freund zu dessen Verwandtem geschickt: »Bestell deine Tische und Stühle bei ihm und lasse die Rechung an mich schicken. Auf diese Weise helfe ich dir und ihnen, denn sie sind gerade in einem wirtschaftlichen Tief.«

Ernie hielt immer Ausschau nach Leuten, die Lust haben könnten, der Schule zu helfen. Doch seine erste

Sorge war ihr geistlicher Zustand. Dann erst stellte er ihnen die Arbeit vor und überließ Gott das weitere. Er selbst hatte nichts zu gewinnen und nichts zu verlieren – es war Gottes Arbeit. Wenn ein Hersteller ihm nicht helfen konnte, empfahl er ihm gewöhnlich einen anderen, der konnte.

Während der Bauzeit bekam Ernie ein seltsames Paket und einen Brief dazu, der 100 DM enthielt. Der nicht unterzeichnete Brief besagte, daß das Paket und 60 DM für die Kinder einer ihm unbekannten Familie bestimmt waren. Das übrige Geld sollte er behalten. Nach einigem Nachforschen fand er heraus, daß die Familie im nahen Bielefeld wohnte. Er rief sie an und erklärte die Situation.

Als er auf ihre Bitte hin das Paket öffnete, fand er darin ein zerbrochenes Tonbandgerät und einige alte Socken! Sie baten, das fortzuwerfen und vereinbarten, daß Ernie das Geld vorbeibringen sollte.

Auf dem Weg dorthin nahm er einen Anhalter mit und erklärte ihm: »Ich bin auf dem Weg zum Himmel, aber heute fahre ich nur bis Bielefeld.« Natürlich riet er dem Anhalter, sich auch zu vergewissern, ob er auf dem Weg zum Himmel sei. –

Als er an der angegebenen Adresse ankam, bemerkte er eine große Fabrik in der Nähe des Hauses. Nachdem er hereingeführt worden war und das Geld ausgehändigt hatte, erzählte er von seinem Erlebnis unterwegs, wie er einen Anhalter aufgelesen und was er zu ihm gesagt hatte. Dann fügte er hinzu: »Ich glaube nicht an zufällige Begegnungen. Vielleicht ist dieses Paket in meine Hände gelangt, weil der Herr möchte, daß ich mit Ihnen über Ihre Beziehung zu Gott sprechen soll.«

Der wohlhabende Geschäftsmann hörte interessiert zu, was Ernie sagte, dann rief er seinen neunzehnjährigen Sohn herbei. »Komm und höre zu, was dieser Prediger mir erzählt. Das tut dir auch gut!«

Noch einmal erklärte Ernie das Evangelium. Der Geschäftsmann war beeindruckt, aber er war nicht bereit, eine Hingabe an Christus zu vollziehen. Er erklärte jedoch, daß noch nie jemand so lange in seinem Büro zu Wort gekommen war wie Ernie. Ehe er sich verabschiedete, fragte Ernie, was er herstelle. »Vorhänge.«

Das war gerade das, was in dem neuen Speisesaal gebraucht wurde, und Ernie erwähnte dies seinem neuen Freund gegenüber.

»Wenn ihr soweit seid, laß ich Sie durch die Fabrik führen, und Sie können auswählen, was Sie brauchen – ich will Ihnen im Preis entgegenkommen«, war die überraschende Antwort. Später gab er die meisten Vorhänge kostenlos ab.

*

Auf Einladung des Missionswerkes »Neues Leben« nahm Ernie als Redner an einer Herbstfreizeit auf Korsika teil. Wegen des Alkoholmißbrauchs in Deutschland gebraucht Ernie oft einen Abend dazu, davor zu warnen. Gewöhnlich ist das kein beliebtes Thema, aber bei dieser Freizeit wurde einer Frau dadurch geholfen.

»Ich bin so froh über das, was Sie gesagt haben«, äußerte sie dankbar. Mein Ehemann findet, Trinken ist nicht schlecht, obwohl er Christ ist. Dadurch bin ich dem Trinken verfallen. Danke für die Ermutigung, aufzuhören, die ich durch Sie erhielt!«

*

1979 wurde Ernie von zwei Vertretern einer Missionsgesellschaft gebeten, mit ihnen nach Indien zu reisen, wo diese Mission vor allem unter Blinden, Waisen, Zigeunern und Leprakranken arbeitet. Ernies Aufgabe sollte es sein, drei- bis fünfmal täglich zu den Indern zu sprechen, die auf ärztliche Betreuung warteten. Da Englisch die offizielle Sprache der Mission ist, wurde ein englischsprechender Evangelist benötigt.

Unterwegs machten sie Zwischenaufenthalt in Sri Lanka und besuchten Gebiete, wo ein Taifun gewütet hatte, um zu sehen, wie man durch Wiederaufbau und Erste Hilfe dort eingreifen könne. In den östlichen Provinzen waren 90 % der Kokospalmen entwurzelt. Ganze Dörfer waren ausradiert und über 5000 Menschen umgekommen. Sie sprachen mit einer christlichen Familie, deren Einkommen darin bestanden hatte, daß ihre Söhne zur Kokosnußernte auf die Bäume kletterten. Nun aber war ihre Unterhaltsquelle zerstört. Die Mission konnte ihnen und anderen Hilfe leisten, bevor sie nach Indien weiterreisten.

Ernie war nicht auf das vorbereitet, was seine Augen in Indien sahen. Der Schmutz, die Armut, das Mitleiderregende waren unaussprechlich. Er saß vor Tausenden, die ihn umgaben, auf einer Plattform und fragte sich: »Herr, was kann ich diesen Menschen sagen? Ich habe alles, was ich an weltlichem Besitz brauche – und sie haben nichts – nicht einmal Gesundheit.« Da gab ihm der Herr eine Botschaft.

»Ich bin hier, euch ein besseres Leben nach dem Tod zu bieten. Ihr könnt der Ewigkeit im Himmel bei Gott sicher sein, wenn ihr bereit seid, seinen Weg zu beschreiten.« Er wies sie auf Offenbarung 21,4 hin und lud sie ein in eine himmlische Heimat, wo die Tränen abgetrocknet werden und der Eintrittspreis schon bezahlt ist.

Die Missionsgesellschaft dient jährlich ungefähr 200 000 Leprakranken. Ihr Hauptaugenmerk liegt darauf, sie zum Bestreiten des eigenen Lebensunterhalts auszubilden, indem sie in verschiedenen Fertigkeiten unterrichtet werden – Nähen, Maschinenschreiben, Zimmern, Metallbearbeitung usw. Die Lepra in Indien zu bekämpfen, ist ein aussichtsloser Kampf. Kinder, die mit leprösen Eltern leben, stecken sich an, und so wird die Krankheit von einer Generation zur nächsten weitergegeben.

Die europäischen Besucher wurden immer mit Blumengirlanden begrüßt. Manchmal türmten sich die Girlanden um Ernies Nacken so hoch, daß er nicht mehr darüberschauen konnte. Eine andere übliche Begrüßungsgabe waren Rosen. Überall waren Fotografen. Er war noch nie sooft fotografiert worden. Große Spruchbänder, die ihre Ankunft verkündeten, spannten sich über die Straßen.

Sie versuchten, die besten Hotels zu buchen, aber diese waren beschlagnahmt für den Fall, daß Regierungs- oder Militärbeamte in die Stadt kämen. Das waren nämlich die einzigen Plätze, wo sie sich frei fühlten, zu essen was sie wollten. Am Straßenrand waren hartgekochte Eier noch das Appetitlichste, was zu finden war. Zuerst ließ Ernie seine Eier in die Pfanne schlagen, bis er sah, in welch schmutzigem Schmalz sie gebraten wurden. Danach beschloß Ernie, sich auch an hartgesottene Eier zu halten.

Einmal schleppten sie einen lebendigen Truthahn mit, um ihn bei ihrer Ankunft schlachten zu lassen. Das war die einzige sichere Art, Fleisch zu transportieren, ohne daß es verdarb.

Bei diesem heißen Klima war eine Dusche ein Luxus, den sie so oft als möglich genossen.

Das Reisen war immer sehr mühsam. Wenn kein Flug zu haben war, nahm die Gruppe zu dritt ein Taxi, einen Bus, einen Zug oder ein Boot. So gelangten sie endlich nach Madras. Zuerst nahmen sie ein Taxi zur Fähre, wo sie um 4.30 Uhr morgens anlangten. Die Fähre fuhr endlich um 11.30 Uhr ab. Auf der anderen Uferseite bestiegen sie wieder einen Zug. Aber sogar in die reservierten Erste-Klasse-Abteile konnten sie nicht hineingelangen, bis Bahnbeamte kamen und einige Inder wegdrängten. Ernie war nicht erfreut, das zu sehen, aber er konnte nichts dagegen unternehmen. Sie waren so müde, daß sie in die Gepäckablage hinaufkletterten, um zu versuchen, dort ein wenig Schlaf zu bekommen. Die Reise dauerte drei Tage, und sie kamen völlig erschöpft an.

Im Hotel stellte Ernie sich einem amerikanischen Ehepaar im Foyer vor. Der Mann war ein Professor aus New York, der an der Universität in Madras unterrichtete. Als Ernie erklärte, was er in Indien tat, sagte der Professor:

»Ich bin schon über ein Jahr hier und habe noch nie einen Leprakranken gesehen. Darf ich mit Ihnen kommen?« Am nächsten Morgen schloß er sich ihnen an, als sie zu ihrem Dienst auszogen. Ernie begann seine Predigt mit den Worten:

»Ich verstehe Gott nicht! Warum sollte ich gesund, gut ernährt und gut versorgt sein, während ihr krank und hungrig seid und keine Zukunftshoffnung habt? Ich verstehe Gott nicht – aber ich vertraue ihm. Was, glaubt ihr, würde Gott sagen, wenn er hier stünde? Wenn ich auch nicht genau seine Worte weiß, bin ich doch sicher, daß die Botschaft lauten würde: »Suchet den Herrn, solange er zu finden ist, ruft ihn an, da er nahe ist . . .«

Schaut weg von euren kranken Körpern und eurem leeren Magen und schaut zum Herrn auf!«

An diesem Abend sagte im Hotel der Professor, daß ihn der Anblick der Leprakranken nicht so sehr berührt hatte wie die Botschaften, die er gehört hatte. »Sie waren für mich bestimmt!« bekannte er.

Ernie gab dem Ehepaar eine Bibel, und sie luden ihn ein, sie zu besuchen, so oft er in Madras sei. Viel später, als Ernie wieder einmal in Madras war, führten sie ihn zum Abendessen ins beste Hotel aus. Aber Ernies größte Freude war, zu sehen, daß der Professor seine Bibel bei sich trug.

Es war eine Freude, die Kinderheime der Mission zu besuchen. Die Kinder stellten die biblischen Geschichten gern schauspielerisch dar, oder sie führten den Gästen Musicals vor. Besonders beliebte biblische Geschichten waren unter anderem die Sintflut, David und Goliath und der reiche Mann und der arme Lazarus. Es beeindruckte Ernie, wie gut ihre Spiele einstudiert waren und wie viele Bibelstellen sogar die blinden Kinder auswendig konnten. Die Kinder halfen auch mit, ihre evangelistischen Versammlungen anzukündigen, indem sie singend durch die Straßen zogen und Fahnen trugen. Die farbenfrohe Prozession machte die Stadt aufmerksam auf den z. Z. anwesenden Evangelisten und auf den Abendgottesdienst, den er leiten würde. Tausende besuchten seine Versammlungen – es fehlte ihm nie an Zuhörerschaft –, und sie hörten sehr aufmerksam zu. Er nannte das »ein Paradies für einen Evangelisten«.

Nach den Gottesdiensten verteilte die Mission gewöhnlich »Decken« – ein viereckiges Stück Bettlaken, für die, die sie benötigten. Die Belegschaft formte vier fortlaufende Reihen von »Schleusen«, durch die die Inder hindurchgingen. Es macht den Indern großen

Spaß, dieses System zu überlisten und mehr als eine Decke zu erobern. Einen westlichen Menschen stellte das Ganze auf eine harte Geduldsprobe.

Ernie war auch dadurch frustriert, daß Inder sich nicht an die Uhrzeit halten. Gewöhnlich fand alles mit mehreren Stunden Verspätung statt. Er war immer viel früher als alle andern bereit und wartete auf das nächste Unternehmen. Da er aus Deutschland kam, wo man pünktlich ist, war es für ihn sehr schwer, sich anzupassen.

In einer Stadt trafen sie einen früheren Vize-Präsidenten von Somalia, Afrika. Er war ein indischer Christ, den der Herr dahin geführt hatte, seine hohe Regierungsposition aufzugeben und nach Indien zurückzukehren, um seinem eigenen Volk zu helfen. Er hatte eine selbständige Klinik errichtet mit zwei Operationstischen, einem eigenen Stromerzeuger, Klimaanlage und Sterilisator. Damit erreichte er viele Mitbürger in Not.

An einem anderen Ort arbeiteten sechs Ärzte in einer Augenklinik. 1200 Patienten waren auf grauen Star hin untersucht und 118 davon zur Operation ausgewählt worden. Ernie sprach zu den wartenden Patienten über Christus, das sündlose Opfer für uns. Hindus glauben, daß ein Lamm geschlachtet, begraben werden und am dritten Tag auferstehen muß. Ernie wies sie darauf hin, daß Christus dieses Lamm war. Nach der Operation ruhten sich die Patienten auf dem Boden liegend aus, bis ihre Kraft zurückkehrte. Dabei bezeugte Ernie ihnen weiter das Evangelium. Er wurde einem 94jährigen Mann vorgestellt, der sein Leben als Eremit verbracht hatte auf der Suche nach Gott und der Wahrheit. Erst kürzlich war er zum Glauben gekommen und wollte nun das Markusevangelium für einen Volksstamm übersetzen, der aus 200 000 Menschen besteht, die keine Bibel kennen. Ernie gab ihm Geld für das Projekt. (Als er

Deutschland verließ, hatten ihm die Leute Bargeld in die Hand gedrückt, das er verteilen sollte, wo er es für nötig erachtete. Folglich hatte er gerade für solche Zwecke Tausende von DM dabei.)

Bei einer Frauenversammlung sprach er zu 160 Frauen, die sich in einem Raum zusammendrängten, der nur 20 mal 23 m groß war. Er staunte, wie viele Inderinnen in das Kirchlein hineinpaßten. Die Gemeinde betete zu Gott, er möge ihnen helfen, einen größeren Versammlungsraum zu bauen. Ernie gab ihnen Geld zum Erwerb eines Grundstücks.

*

Als ihre Indienreise beendet war, verließ Ernie das Missionsteam und reiste zu einem Zwischenaufenthalt wieder nach Burma. Der Absolvent, den er besuchte, war vor neun Jahren wegen seines aggressiven Evangelisationsstils ausgewiesen worden. Er hatte sich in Thailand niedergelassen und reiste mit einem Touristenvisum immer wieder nach Burma ein, um die Gläubigen zu ermutigen. Als Ernie zu seinem Wohnort in Thailand kam, ehe er nach Burma einreiste, lud er Ernies Koffer voll Bibeln und Bücher. Dann erzählte er Ernie von einem christlichen Zollbeamten und sie beteten, daß Ernie bei diesem durch den Zoll gehen möge. Er wies ihn auch an, auf dem Flughafen nach einem christlichen Taxifahrer namens Rolli Ausschau zu halten.

An der Grenze öffnete der Zollbeamte seinen Koffer. Ganz obenauf hatte Ernie ein Buch über das Leben Christi gelegt. Der Beamte zeigte Interesse, als er es sah, und Ernie fragte ihn, ob er es haben wolle.

»O ja!« – »Dann nehmen Sie es – es gehört Ihnen!«

Der Zollbeamte schob das Buch rasch unter seinen

Tisch. »Danke«, sagte er und fügte hinzu: »Sie können weitergehen.«

Ernie trat aus der Zollhalle und fragte draußen nach einem Taxifahrer namens Rolli. Er war da und wußte genau, wohin er ihn bringen sollte.

Die Bibelschule hatte noch eine Absolventin in Burma. Helga war es bewußt geworden, daß der Herr sie dort benötigte und notfalls wollte sie einen Burmesen heiraten, um bleiben zu können. Sie hatte sich an der Universität in Burma um einen Studienplatz beworben, um die Sprache eines vernachlässigten Stammes zu studieren, der Chin-Leute, die weit hinter den Hügeln in einem verlassenen Teil des Landes lebten. Da sie an der Universität in London die burmesische Sprache studiert hatte, brachte sie genug Sprachkenntisse mit, um angenommen zu werden. Während sie studierte, lernte sie einen Mann des Chin-Stammes kennen. Irgendwie war es ihm gelungen, sich genügend Bildung anzueignen, so daß er an die Universität gehen konnte. Das machte es Helga möglich, mit ihm diese Sprache zu erlernen. Dann führte sie ihn zum Herrn und sie heirateten. Nun brauchte sie nicht mehr zu fürchten, ausgewiesen zu werden. Ernie besuchte sie und brachte ihr christliche Bücher. Sie und ihr Ehemann hatten die Stammessprache in Schriftzeichen übertragen und arbeiteten nun an einer Bibelübersetzung. Ernies Besuch ermutigte sie sehr. Von dort kehrte er nach Europa zurück.

*

Gott belohnte Ernies Bereitschaft, ihn zu bezeugen, wo immer er auch war, indem er für seine äußeren Bedürfnisse sorgte. Als sie einen Heimatdienst in Kanada planten, fehlten ihnen 131 Dollar für die Flugkarten.

Eine Gemeinde von daheim schickte ihnen eine monatliche Liebesgabe, die aber nie 100 Dollar überstieg. Er bemerkte zu Erma:

»Wäre das nicht schön, wenn ihr Geschenk diesen Monat genau den fehlenden Betrag ausmachen würde?« Am nächsten Tag kam der Scheck – 131 Dollar.

Als er die Tickets kaufte, fragte er den Mann vom Reisebüro:

»Haben Sie selbst auch schon gebucht – für den Himmel?«

»Für den Himmel?« fragte er erstaunt.

»Ja«, drängte Ernie ihn, »wenn Sie nicht schon im voraus buchen, bekommen Sie keine Reservierung. Jesus kommt bald zurück, und Sie müssen bereit sein.«

Daheim im Urlaub half Ernie seiner Schwester Gladys, von Michigan nach Saskatchewan umzuziehen.

Nachdem sie vier Jahre in Indiana gelebt hatte, mußte sie wegen rheumatischer Arthritis nach Hause zurückkehren. Sie konnte sich noch selbst versorgen, aber langsam und unter Schmerzen. Er, Erma und Heather luden die Besitztümer von Gladys in zwei Autos und fuhren westwärts. Gladys' Gesundheitszustand erlaubte ihr nicht, so weit zu fahren, deshalb flog sie.

Sie kamen gerade rechtzeitig zu Marjories Hochzeit an. Marjorie war eine der Nichten, die einen Sommer lang in Deutschland gearbeitet hatte, und Onkel Ernie sollte nun als Conférencier die Feier leiten. Vor der Trauung war die Familie in Bruder Arts Haus versammelt, aber Ernie konnte das Haus nicht finden. Er merkte plötzlich, wie lange es schon her war, daß er diesen Teil der Welt verlassen hatte! Als das Auto auf den aufgeweichten Straßen steckenblieb, mußte er Erma und Heather im Wagen zurücklassen und zu Fuß weitergehen. Er fand bald die Richtung und kehrte mit seinen drei Söhnen zurück, um den Wagen herauszuziehen. Aber das Auto war zu verschmutzt und mußte bis nach der Trauung stehengelassen werden.

Ernie hatte noch nie eine solche Feier geleitet und war nicht sicher, was er tun sollte. So zeigte er mit Erlaubnis der Braut Dias von seiner kürzlichen Indienreise. Diese Feier wurde von den Gästen nicht so schnell wieder vergessen.

*

Der Urlaub verging schnell, und sie kehrten nach Deutschland zurück. Ernie hatte eine Evangelisation in München organisiert. Er war nicht damit zufrieden, nur auf die Leute zu warten, die in das Zelt kommen wollten, sondern er ging tagsüber auf die Straßen. In der Pausenzeit ging er an einem Schulhof vorüber, sah eine Lehrerin und trat an sie heran.

»Ich möchte zu Ihren Schülern sprechen«, bot er an.

»Woher kommen Sie?« fragte die Dame überrascht.

»Ich bin ein Kanadier, der in Deutschland arbeitet.«

»Ich wollte schon immer einmal einen Kanadier kennenlernen!« rief sie begeistert aus. »Sie dürfen gern zu meinen Sechstkläßlern sprechen. Wir haben Biologieunterricht auf dem Stundenplan, aber Sie können sprechen, worüber Sie wollen.« Drinnen merkte er, daß er in einer katholischen Schule war, so sagte er zu der Klasse: »Ich bin hier fremd – und ich habe bemerkt, daß es hier eine Menge Kruzifixe gibt. Kinder, könnt ihr mir sagen, wer da am Kreuz hängt und warum?«

Die Schüler zögerten mit der Antwort. Endlich sagte ein Junge, der ganz vorne saß: »Das ist Jesus!«

»Warum hängt er da?«

»Um für die Sünden der Welt zu bezahlen.«

»Und hat sein Tod wirklich die Sünden der ganzen Welt bezahlt?«

»Ja, gewiß.«

»Dann müssen wir selber nicht mehr dafür bezahlen, nicht wahr? Wenn Jesus für alle unsere Sünden zahlte, warum lehrt dann die Kirche, daß ihr als Babys getauft werden müßt, um die Erbsünde zu beseitigen? Ist Jesus nicht auch dafür gestorben? Oder wenn ihr zur Beichte geht und der Priester sagt, eure Sünden sind vergeben, bedeutet das, daß nur der Priester diese Sünden vergeben kann? Dann nehmt ihr die Kommunion für die Vergebung der Sünden. Ist Jesus nicht für sie gestorben? Endlich kommt ihr ins Fegefeuer, um den Rest der Sünden abzuzahlen. Kinder, für welche Sünden ist Jesus denn gestorben?«

Nun hatte er nicht nur die Aufmerksamkeit der Schüler, sondern auch die der Lehrerin und konnte das Evangelium glasklar verkünden. Um weiter zu illustrieren, was er sagen wollte, richtete er eine Frage an den Jungen in der ersten Reihe:

»Andreas, wenn ich dir mein Auto schenken würde, dann wäre das ein Geschenk. Das bedeutet, daß du nicht dafür bezahlen mußt – aber daß du es annehmen mußt. Auf die gleiche Art starb Jesus für unsere Sünden. Wir brauchen nicht und können nicht für sie bezahlen, aber wir müssen annehmen, was er für uns tat.«

*

Ernie arbeitete am allerliebsten als Evangelist, aber die achtziger Jahre brachten eine Veränderung mit sich. Der größte Teil seiner Zeit wurde dem Reisen gewidmet, und das hätte er sich selber nicht ausgesucht. Aber wohin auch immer der Herr ihn führte, traf er auf Personen, die er auf Jesus hinweisen konnte. Er überließ Gott die Herrschaft über sein Leben.

Weitere Reisen

Im Januar 1980 wurde er erneut gebeten, als Evangelist mit der schon erwähnten Missionsgesellschaft nach Indien und Afrika zu reisen. Er stimmte zu mit der Abmachung, daß er die Gruppe verlassen würde, wenn sie französischsprechende afrikanische Länder bereisten.

Ein Höhepunkt auf seiner Asienreise war sein Besuch bei den Bibelschulabsolventen Sam und Anni. Sam war ein malayischer Hindu, der nach Europa gegangen war, um reich zu werden und so seinen Eltern helfen zu können. Aber als er bis Rom gelangt war, war er schon sehr entmutigt. Er hatte keine Arbeit, verstand die Sprache nicht und hatte keine Unterkunft. Eine Frau sah ihn niedergeschlagen auf den Treppen sitzen und winkte ihm, ihr zu folgen. Sie gab ihm eine warme Mahlzeit, und das ermutigte ihn so sehr, daß er sich entschloß, weiterzumachen. Jemand hatte ihm geraten, nach L'Abri in der Schweiz zu gehen. Er hatte noch nie in seinem Leben Schnee gesehen und besaß nur Segeltuchschuhe, doch endlich kam er ans Ziel. Hier wurde er aufgenommen und zu einer Hingabe an Christus geführt. Jedoch war das Christentum für ihn so neu, daß er nicht viel davon verstand.

Von dort gelangte Sam nach München, wo er Deutsch lernte und Elektriker wurde. Aber erneut überwältigte ihn die Niedergeschlagenheit, und er beschloß, Selbstmord zu begehen. Er kaufte sich das stärkste Rattengift, das er finden konnte. Zu Hause goß er sich ein Glas davon ein, doch dann hielt er ein, um die Gebrauchsanweisung zu lesen und da stand, daß es bis zum Einritt des Todes acht Tage dauern könne. Der Gedanke, so lange leiden zu müssen, hielt ihn zunächst davon ab, zu trinken. Doch dann hob er entschlossen das Glas an seine Lippen. Seine Hand jedoch zitterte so sehr, daß er nicht trinken konnte. Ärgerlich probierte er es noch einmal, wieder ohne Erfolg. Er mußte sein Absicht aufgeben.

Später, draußen auf der Straße, hörte Sam eine Gruppe von Bibelschülern aus Brake eine Freiversammlung abhalten. Er trat an sie heran und bat sie, ihm zu helfen, sein Leben in Ordnung zu bringen.

Ernie und Erma wurden seine Auslands-»Eltern« und waren Trauzeugen bei seiner Hochzeit mit einem deutschen Mädchen. Das Paar schloß ein Bibelschulstudium ab, und Ernie machte es ihnen möglich, ein Semester in der Prärie-Bibelschule in Kanada zu verbringen. Hier lernte Sam englische Autoren kennen, während Ann ihr Englisch verbesserte. Sie kehrten als Missionare nach Malaysia zurück, und als Ernie sie dort besuchte, beabsichtigten sie gerade, eine Bibelschule zu gründen. Viele Mitarbeiter ihrer Familie hatten schon Jesus angenommen. Sie waren begeistert, Ernie in ihrem Heim willkommen zu heißen.

*

Bei seinem Europa-Aufenthalt vor seiner Abreise nach Afrika wurde Ernie gebeten, eine Evangelisationswoche in Berlin abzuhalten. Während er dort war, erhielt er die Erlaubnis, vor den Schülern einer öffentlichen Schule zu sprechen. Die Schüler saßen ruhig da und hörten seiner Botschaft zu. Nach der Predigt betete er und setzte sich. Der Direktor beugte sich zu ihm hinüber und sagte:

»Herr Klassen, es ist hier üblich, auch das Vaterunser zu sprechen. Wollen Sie uns darin leiten?«

»Natürlich!« Er wandte sich der versammelten Schülerschaft zu und erklärte:

»Kinder, ich möchte, daß ihr euch dessen bewußt seid, was ihr da sagt. Sagt nicht »Dein Wille geschehe«, wenn ihr es nicht ernst meint. Sogar ich habe Schwierigkeiten, dies ganz ehrlich zu sagen. Sagt nicht »Vergib uns unsere Schuld, wie auch wir vergeben«, wenn es euch damit nicht ernst ist. Gott hört zu! Nun, laßt uns beten.«

Anschließend sagte einer der Lehrer: »Ich muß Ihnen zweierlei sagen. Erstens hatte ich gar keine Aufsichtsschwierigkeiten mit den Schülern. (Die Lehrer waren im Raum verteilt, um Ordnung zu halten.) Und zweitens haben wir noch nie solch ein hingegebenes Gebet erlebt.« Es war ermutigend zu sehen, daß ein Gottesbewußtsein in den Zuhörern erwacht war. Seine Mühe war belohnt worden.

*

Kurz nach der Evangelisation in Berlin fuhr er nach Afrika ab. Er reiste mit dem Filmtransporter der Sudan Inland Mission durch Ghana. In jedem Dorf bauten sie eine große Filmleinwand auf und fuhren dann durch die Straßen und kündigten den Film an.

Gewöhnlich versammelten sich Hunderte. Nach dem Film brachte Ernie eine kurze Botschaft und lud jedermann ein, sich für Christus zu entscheiden oder sich für einen Bibelkurs eintragen zu lassen, der nur ein paar Pfennige kostete. Der Transporter hatte eine neunundzwanzigtägige Reiseroute, die er jeden Monat wiederholte.

Zusammen mit einem anderen Missionar fuhr Ernie einmal an einer gutgekleideten Dame vorüber. Auf

Ernies Vorschlag hin luden sie diese zur Mitfahrt ein, und sofort stürzte Ernie sich in eine Diskussion.

»Was ist Ihr wichtigstes Ziel im Leben?« fragte er.

»Ich möchte Frieden erlangen.«

»Eine überraschende Antwort für jemanden, der in einer Bar arbeitet«, dachte er. »Das ist nicht der richtige Platz, um Frieden zu finden.« Laut aber sagte er: »Um Frieden zu finden, müssen Sie zuerst Frieden mit Gott haben – Ihre Beziehung zu Gott muß in Ordnung sein. Dann kann auch Ihr ganzes Leben von Frieden regiert werden.«

Er gab eine kurze Erklärung des Evangeliums, und wieder beeindruckte es ihn, daß überall Menschen offen waren, zuzuhören, wenn er nur immer auf die Führung Gottes einging.

*

Nachdem er seinen Auftrag erfüllt hatte, besuchte er wieder einmal Linda in Kaduna, Nigeria. Er mußte von Lagos nach Kaduna fliegen, und die Missionare, bei denen er wohnte, sagten ihm: »Vergiß, daß du ein Christ bist, wenn du am Flugplatz in der Wartereihe stehst. Sei still und halt dich 'ran, sonst kommst du nicht ins Flugzeug.«

Ernie war nicht sicher, ob er diesem Rat folgen sollte. Er kam sehr früh, um den ersten Flug zu erwischen, aber da stand schon eine Menschenschlange bei dem Schild »Kaduna«, und die Leute stießen und drängten sich, um vorzukommen. Um 9 Uhr verschwand das Schild und tauchte anderswo auf. Jeder rannte und kämpfte wie ein Tier um den ersten Platz in der Reihe. Wieder wurde das Schild auf die andere Seite des Flughafens verlegt. Und wieder rannte jeder wie verrückt, um vor den anderen hinzukommen. Viermal wurde das Schild abgenommen und anderswo hingehängt! Endlich, um 12.30 Uhr konnten sie an Bord gehen und starten.

Ernie saß neben einem Kommunisten aus Jugoslawien. Um den Mann für geistliche Dinge zu interessieren, fragte er ihn: »Sind Sie bereit zuzugeben, daß es eine höhere Gewalt geben muß, die Sie von all den Millionen Jugoslawen und mich von all den Millionen Kanadiern hier Seite an Seite in dies Flugzeug geführt hat, das über Afrika fliegt?«

»Ja.« Er war bereit, das zuzugeben.

»Nun, wenn Sie das anerkennen – könnte es dann sein, daß die höhere Macht auch an dem interessiert ist, was wir miteinander sprechen und was Sie und mich bewegt?«

»Ja«, stimmte er noch einmal zu.

Ernie gab ihm sein Zeugnis und zugleich das Evangelium. Obwohl der Kommunist sich nicht für Christus entschied, hörte er zu und lud ihn später ein, ihn jederzeit entweder daheim in Jugoslawien oder in Nigeria zu besuchen.

Linda hatte den ganzen Vormittag am Flughafen von Kaduna gewartet. Eine Anzahl Flugzeuge von Lagos waren angekommen, ohne daß man die Wartenden in Lagos von ihrem Abflug unterrichtet hatte. Einige Passagiere, die ausgestiegen waren und sie warten sahen, versicherten ihr: »Wir sahen einen großen weißen Mann dort warten – wahrscheinlich Ihr Bruder! Er wird schon kommen!« Sie war erleichtert, als sie ihn endlich aus dem Flugzeug steigen sah, und sie verbrachten eine schöne Zeit miteinander.

Nach dieser zweimonatigen Reise war er sehr dankbar, endlich wieder nach Hause zu kommen. Er erinnerte sich an Präsident Trumans Ausspruch: »Das schönste an einer Reise ist, wenn man heimkommt und die leeren Koffer auf den Speicher stellt.«

Erma war nach Kanada gereist, während Ernie in Afrika war. Er fuhr zu ihr. Sie besuchten kurz die Familie und kehrten im Sommer nach Europa zurück.

*

Ein deutscher Arzt, seine Frau und seine sechs Kinder planten eine Ferienreise in den südlichen Teil Polens und luden Ernie und Erma ein, als ihre Gäste mitzukommen. Klassens hatten von der Armut des polnischen Volkes gehört und wollten helfen. Es sprach sich unter den anderen Christen herum, daß Ernie soviel Kleidung mitnehmen würde, wie nur ins Auto paßte. Es kam so viel zusammen, daß er die Kartons wegwarf und jeden Winkel einschließlich der Rücksitze vollpackte. Im letzten Augenblick stopfte er noch Bibeln und christliche Bücher unter seinen Sitz und steckte einige Neue Testamente in die Türtasche beim Fahrersitz.

Als sie von Westberlin aus in den Osten Deutschlands fuhren, wurden sie angehalten und genau durchsucht. Die Beamten zogen all die Kleider heraus und prüften sie. Ernie vermutete, daß ihnen diese rigorose Durchsuchung erspart würde, wenn sie an die polnische Grenze kamen. Aber die polnischen Grenzwachen nahmen es noch genauer!

Wieder leerten sie den Kofferraum und die Rücksitze und versuchten sogar, den Sitz abzubauen. Er war nie zuvor herausgenommen worden, und sie konnten ihn nicht von der Stelle bewegen. Ernie bot ihnen seine Hilfe an.

»Nein, nein, wir haben selber Erfahrung in so etwas!«

So trat er zurück und schaute ihnen zu. Sie gaben

endlich ihre Versuche auf und leuchteten stattdessen mit einer Taschenlampe hinter die Fensterkurbeln. Aber sie vergaßen in ihrem blinden Eifer, in die Taschen in der Türe zu schauen! Sie guckten unter Ermas Sitz, aber nicht unter den von Ernie. Dann fragten sie Ernie über die Tonbandkassetten aus, die er dabei hatte.

»Was sind das für Kassetten?«

»Tonbänder mit Predigten und Musik«, antwortete Ernie.

»Spielen Sie mir eine vor!«

»Sie sind alle in englischer Sprache – das würden Sie nicht verstehen.«

»Spielen Sie trotzdem eine vor!«

So spielte Ernie eine Cassette für sie. Endlich, nach stundenlanger Überprüfung, durften sie die Grenze überschreiten.

Der Arzt jedoch war schnell durch den Zoll gekommen. Erfahrene Reisende hatten ihnen gesagt, daß sie mit den Kindern keine Zollschwierigkeiten haben würden, und das stimmte.

Aber der Doktor wollte herausfinden, ob das Johannesevangelium legal nach Polen eingeführt werden konnte, nachdem es doch erlaubt war, es mit der Post zu senden. Er hatte eine Schachtel mit 200 Stück bei sich. Nachdem er eingereist war, parkte er und trug die Schachtel mit den Evangelien zu dem Büro zurück, um eine offizielle Einfuhrerlaubnis zu erhalten. Sie wurden beschlagnahmt! Obwohl man ihm dabei sagte, er könne sie bei der Rückreise wieder abholen, waren sie verschwunden, als er das tun wollte.

Für Klassens war eine Wohnung in einem schönen Touristenort in der Nähe eines Sees reserviert worden. Keiner der Christen dort konnte sich erinnern, daß je irgendwer aus dem Westen zu ihnen gekommen wäre, um ihnen mit dem Evangelium zu dienen. In diesem Gebiet durften die Bauern noch ihr eigenes Land bewirtschaften – die Kommunisten hatten noch nicht alles beschlagnahmt. Ernie stellte seinen Wagen in einer Garage ab und wurde in einem kleineren Wagen umhergefahren, um Mißtrauen zu vermeiden. Er sprach in den beiden größten Gemeinden – jede mit etwa 100 Leuten. Zusätzlich hielt er Hausversammlungen ab, sooft er konnte. Als er in einer Predigt über einen Vorfall berichtete, bei dem ein Kommunist vorkam, ließ der Übersetzer klugerweise das Wort »Kommunist« aus, weil vielleicht ein Spion da war.

Ernie besuchte auch einen etwa 60jährigen Rechtsanwalt, der zu ihm sagte: »Ich habe hier viele Jahre lang meine Anwaltspraxis gehabt. In den letzten 125 Jahren war Polen immer unter Fremdherrschaft. Um ein polnischer Rechtskundiger zu sein, muß man mit vielen Gesetzen vertraut sein.

Erma wollte sich eine Dauerwelle machen lassen, und Ernie brauchte einen Haarschnitt. Als er Erma am Friseursalon absetzte, begann er ein Gespräch mit einer Polin, die Deutsch verstand. Ihr Ehemann hatte in Deutschland als ein führendes Mitglied der kommunistischen Partei gearbeitet. Nun war er tot, und sie war sehr einsam. Sie freute sich, einmal wieder deutsch zu sprechen und lud Ernie und Erma zum Kaffee zu sich ein. Sie erbot sich auch, Ernie in ihrem großen Wagen zum Herrenfriseur zu fahren. Als er vom Evangelium sprach, kam zutage, daß sie nie zuvor etwas davon gehört hatte. Er gab ihr ein Testament und betete, daß sie zu Christus finden möge.

Sie blieben elf Tage dort. Ernie diente in einer kleinen Bibelschule und in einem Ferienlager, das von etwa 100 jungen Leuten besucht war. Er war überrascht, wieviel

Freiheit sie hatten. Der Rechtsanwalt hatte ihm gesagt, daß sie unter dem Kommunismus mehr Freiheit genossen, als früher unter katholischer Herrschaft.

*

Als nächstes plante Ernie eine Winterreise in den Süden, um Bibelschul-Absolventen zu besuchen, die in Italien und Sizilien arbeiteten. Erma entschloß sich mitzukommen, denn sie erwarteten, daß es dort warm sein würde. Es war jedoch das kälteste Jahr seit Menschengedenken, und es fiel sogar Schnee auf die Orangenbäume!

In Rom besuchten sie die Katakomben. Ernie sprach in einer der größten evangelischen Kirchen, doch es waren nie mehr als 60 Besucher da. Die kilometerlangen Katakomben und die Tausende von Leibern, die da begraben lagen, erschienen ihm wie ein trauriges Abbild der heutigen Kirche. Unter Verfolgung gedieh die Gemeinde, doch jetzt ist sie in diesem Land fast völlig ausgelöscht.

Sie wollten zwölf Absolventen in Italien besuchen. Einer davon wohnte in Milazzo, dem Hauptquartier der Mafia. Er mußte zweieinhalb Jahre warten, ehe jemand zum Glauben kam. Die Arbeit dort ist sehr schwierig, und es ermutigte ihn sehr, daß Ernie ihn besuchte. Zu jener Weihnachtszeit gab es kein sonniges Italien! Die Häuser waren nicht für kaltes Wetter gebaut, und es fiel ihnen schwer, sich überhaupt nur warm zu halten.

*

Ernies Terminkalender für den Februar war gefüllt mit Gottesdiensten, einer Freizeit und einer Evangelisation.

Aber am Samstag, dem 14., am frühen Morgen kam ein Anruf von Darryl aus Amerika. Seine Frau Joan war am Freitag in der Nacht bei einem Autounfall getötet worden. Niemand sonst war ernsthaft verletzt, aber sie starb sofort.

Ernie sagte seine Verpflichtungen ab, und sie erreichten noch das nächste Flugzeug nach Calgary, Alberta. Die schwerste Frage war, was mit den drei Kindern im Alter von 6, 7 und 10 Jahren geschehen sollte. Man beschloß, daß Erma dortbleiben und aushelfen sollte, bis man eine andere Lösung gefunden hatte. Ernie kehrte nach drei Wochen nach Deutschland zurück. Kurz darauf zog ihr zweiter Sohn Keith mit seiner Frau Sandy und den Töchtern Harmony und Melody nach Calgary. Sandy konnte sich nun um Darryls drei Kinder kümmern, und nach drei Monaten flog Erma zu Heather.

Ernie war in diesem Frühjahr in Europa allein. Ein Freund hatte ihm gerade einen gebrauchten Mercedes geschenkt, und er machte sich auf, weitere Bibelschulabsolventen zu besuchen, die im südwestlichen Europa dienten. Ein Mädchen aus der ersten Absolventenklasse, war nun 16 Jahre in Spanien und hatte während dieser Zeit nur sechsmal Besuch gehabt. Sie war überglücklich, Ernie zu sehen! Ein anderer ehemaliger Bibelschüler arbeitete in Südfrankreich 600 Meilen abseits der Hauptstraße.

Schließlich fuhr er noch nach England, um auch dort einige »Ehemalige« zu besuchen.

Dann traf er mit Erma in Chicago zusammen, um einen kurzen Urlaub zu machen. Sie verbrachten die meiste Zeit mit Darryls Familie. In der Gewißheit, daß mit der Hilfe von Keith und Sandy alles glatt ging, kehrten sie nach Deutschland zurück. Ernie hatte für den September Versammlungen in Berlin geplant, und die

Abschlußfeier der Bibelschule fand Ende des Monats statt.

Einer der Lehrer hatte für die Schüler der Absolventenklasse, die sich das leisten konnten, eine Israelreise organisiert. Ernie taten die leid, die nicht mitfahren konnten, und er bot ihnen eine Rundreise durch Europa an, wobei sie frühere Bibelschüler besuchen wollten, die jetzt als Missionare arbeiteten.

So zwängten sich nach der Abschlußfeier acht Absolventen in den Transporter. Sie reisten durch Holland, Belgien, Frankreich, die Schweiz und Österreich und hielten dort an, wo ehemalige Bibelschüler an der Arbeit waren.

Wie stets bei den Reisen mit Ernie schliefen sie auf dem Boden und aßen am Straßenrand. Und überall veranstalteten sie Versammlungen. Es war eine Zeit besonders enger Gemeinschaft, und die Absolventen genossen sie sehr.

*

Dann wurde für Ernie noch eine Reise geplant – diesmal, um ehemalige Bibelschüler in Australien, Japan und auf den Philippinen zu besuchen. Sie erwarteten ihn sehnsüchtig.

Auf dem Weg zum Frankfurter Flughafen teilte er mit einer Dame ein Zugabteil. Beim Abschied in Brake hatte er die Bibelschüler aufgefordert, besonders dafür zu beten, daß er jede Gelegenheit zu einem Zeugnis ausnützen möge. Hier war seine erste Chance! Er fragte die Dame: »Wird Sie bei der Ankunft jemand am Bahnhof erwarten?«

»Ja, mein Ehemann wird dort sein.«

»Ihr Ehemann wäre nicht dort, wenn Sie sich nicht

vorher verabredet hätten«, fuhr Ernie fort. »Ich reise viel umher und finde es immer nett, wenn jemand mich bei der Ankunft erwartet. Das Leben ist oft mit einer Reise verglichen worden. Sie beginnt mit der Geburt und endet mit dem Tod. Wie wunderbar, wenn uns jemand am Ende der Lebensreise erwartet. Aber gerade so, wie Ihr Ehemann Sie nicht treffen würde, wenn er Sie nicht erwarten würde, so wird auch der Herr Jesus Sie nur erwarten, wenn Sie schon vorher eine Verabredung mit ihm treffen. In Apostelgeschichte, Kapitel 7 wird die Geschichte von der Steinigung des Stephanus berichtet. Wir lesen da, daß er Jesus stehen und auf ihn warten sah.«

Von Frankfurt flog er nach Singapore und weiter nach Malaysia. Hier besuchte er Sam und Ann noch einmal, das Paar, dem er in der Bibelschule so viel geholfen hatte. Er sprach auch in einer chinesischen Baptistenkirche. Einmal im Monat feiern sie dort alle Geburtstagskinder dieses Monats, und da Ernie im Oktober geboren ist, war er der Mittelpunkt der Aufmerksamkeit.

Von da flog er nach Aukland, Neuseeland. Es war ein langer Flug, und das Ehepaar, das neben ihm saß, war nicht im geringsten an dem interessiert, was er zu sagen hatte. Bei dem Gebet, Gott möge ihm zeigen, wie er sie erreichen könne, sah er eine junge Mutter vor ihm sitzen, die ihr rastloses Kind zu beruhigen suchte. Die Mahlzeiten wurden dadurch besonders schwierig, deshalb bot Ernie ihr an, sich mit dem Kind zu beschäftigen, während sie aß. Mit einem Seufzer der Erleichterung händigte sie ihm dankbar den kleinen Andreas aus. Ernie ging im Gang des Flugzeuges auf und ab, bis sie fertig war. Wie überrascht war er, als er seinen Namen rufen hörte: »Herr Klassen!« Ein Freund aus Deutschland war im selben Flugzeug.

Als man seinen Namen rufen hörte, stellte ein anderes Ehepaar fest, daß sie denselben Familiennamen hatten. Sie waren aus Bielefeld in Deutschland. Damit eröffnete sich ihm eine Möglichkeit, Zeugnis zu geben. Dadurch war nun auch das Ehepaar, das neben Ernie saß, neugierig geworden, und sie hörten ihm zu, als er ihnen das Evangelium bezeugte.

Niemand holte ihn am Flughafen ab, und so nahm er ein Taxi und verbrachte die Nacht im Hauptquartier der Missionsgesellschaft WEC International. Tags darauf fuhr er per Bus nach Nord-Neuseeland, wo der ehemalige Bibelschüler Werner Dekarski arbeitete. Im Bus saß ein Postarbeiter neben ihm, der für das Evangelium sehr offen war. Später nahm ein sechzehnjähriges Mädchen den Platz des Postboten ein. Ein ihr nahestehender Freund war gerade gestorben, und auch sie war bereit, das Evangelium zu hören. Sie hatte ernsthaft über die Ewigkeit nachgedacht.

Nach diesem Besuch brach er nach Sidney, Australien, auf. Er traf ehemalige Bibelschüler auf ihrem Weg nach New Britain in der Südsee. Ewald Hutzenlaub war ein sehr unzufriedener Deutscher gewesen, der als Anhalter die Welt bereiste. In Australien fand er Arbeit bei einem christlichen Farmer, der ihn zu Jesus führte. Er kehrte nach Deutschland zurück, heiratete und ging zur Bibelschule. Nach der Abschlußprüfung fühlte sich das Paar vom Herrn geführt, als Missionare in die Südsee zurückzukehren. Sie hatten den Farmer besucht, der Ewald zu Christus geführt hatte, und waren nun unterwegs zu ihrem Arbeitsgebiet. Ernie kam an, als sie gerade ihren letzten Tag in Australien verbrachten. Niemand von ihrer Verwandtschaft unterstützte ihr Tun, deshalb war die Anwesenheit von »Onkel Ernie« eine besondere Ermutigung für sie.

Von Sidney flog Ernie nach Darwin in Australien. Unterwegs las er den Psalm 104, wo geschildert wird, wie der Herr auf den Wolken wie auf Wagen dahinfährt. Ernie zeigte das einer Stewardeß.

»Was für ein Buch lesen Sie da?« wollte sie wissen.

»Die Bibel.«

»Oh, das ist ein gutes Buch! Ich sollte sie auch lesen.«

»Ja, wirklich, ich möchte Sie dazu ermutigen.«

Während dieses Fluges rief er nacheinander alle vier Stewardessen zu sich, um ihnen die Größe Gottes aufzuzeigen und wie gut es ist, ihn als Vater zu kennen.

Nach seinem Besuch in Darwin flog er über Sidney und Hongkong nach Osaka in Japan. Wieder bezeugte er Gott vor den Stewardessen. Eine davon war besonders dankbar dafür, sie hatte über Fragen der Ewigkeit nachgedacht und suchte nach Antworten.

Ehemalige Bibelschüler holten Ernie in Osaka ab. Er predigte am Sonntag in ihrer Kirche, und die Menschen waren so dankbar, daß sie ein Liebesopfer für die Arbeit in Deutschland zusammenlegten.

Ernie nahm sich etwas Zeit, Sehenswürdigkeiten zu besichtigen, und ging zu einem Buddhisten-Tempel. Er beobachtete die vielen Anbeter, die sich erst die Hände und den Mund wuschen, ehe sie zum Gebet eintraten. Er trat an ein Mädchen heran und fragte: »Warum wäschst du dich so sorgfältig, ehe du in den Tempel trittst?«

»Wir würden Buddha nie mit schmutzigen Händen und unsauberem Mund anbeten!« antwortete sie.

»Hört er deine Gebete, und antwortet er dir?« drängte Ernie.

Überrascht antwortete sie: »Nein.«

»Ich möchte dir einen Gott empfehlen, der Gebete hört und beantwortet.« Ernie sprach zu ihr über den wahren und lebendigen Gott.

Von Osaka flog Ernie nach Sapporo, um Wolfgang Langhans zu besuchen. Dann kam Tokyo und Karin Ruschhaupts Arbeit in einem Kinderheim an die Reihe. Nachdem Ernie zu den Kindern gesprochen hatte, nahm Karin ihn mit, um Tokyo bei Nacht zu besichtigen. Er war sehr beeindruckt von der Stadt, aber der Höhepunkt war ihre Einkehr bei McDonald's!

Einige der Missionare leiteten ein Zeltlager außerhalb von Tokyo und baten Ernie, mitzukommen. Es war in den Bergen, und er fror die ganze Zeit. In Japan waren die Decken überall zu kurz für ihn.

In den Versammlungen verstand er kein Wort. Als er an der Reihe war, zu sprechen, sagte er zu ihnen: »In Japan habe ich zwei Probleme: Die Pantoffeln sind zu klein, und die Sprache kann ich nicht verstehen.«

Am Ende des Lagers hatte sich dieser Zustand gewandelt. »Ich habe gar keine Probleme mehr. Viele der Frauen haben sich sehr bemüht, für mich Pantoffeln zu finden, die groß genug sind. Und mein zweites Problem war gelöst, als ich entdeckte, wie viele von euch Englisch sprechen.« Einige bekannten, daß sie sich in dem Zeltlager bekehrt hatten.

*

Von Japan aus reiste Ernie zu den Philippinen. Auf dem langen Flug von Sapporo über Hongkong nach Manila war das junge Mädchen, das neben ihm saß, an geistlichen Fragen interessiert, und sie führten ein gutes Gespräch.

Wegen des Taifuns, der kurz zuvor das Land verwüstet hatte, konnten die ehemaligen Bibelschüler Ernie nicht mit dem Auto abholen. So flog einer von ihnen nach Manila, um ihn zu treffen, und von da flogen sie nach

Daet weiter. Zwei Absolventen-Ehepaare arbeiteten hier. Zusammen verschafften sie sich einen Überblick über die Verwüstung, die der Taifun angerichtet hatte. Die Strom- und Wasserversorgung der Missionare war noch nicht wiederhergestellt, so daß es keine Dusche und keinen Ventilator gab. Das Wetter war sehr heiß und schwül, aber das konnte Ernie nicht bremsen. Täglich diente er als Prediger. Endlich, am vierten Tag, gab es wieder fließendes Wasser, aber die Stromversorgung war bei seiner Abreise immer noch nicht hergestellt.

Seine Flugnachbarin auf dem Weg nach Mindanao war eine Siebenten-Tags-Adventistin.

Sie führte ihre Bibel mit sich und war sehr interessiert am Studium der Bibel. Ernie erklärte, daß wir allein durch Gnade errettet werden, und sie hörte sehr aufmerksam zu.

Der Absolvent Ernest Scott und seine Familie holten ihn am Flughafen ab und gaben ihm Einblick in den Dienst ihrer Familie: Wenn sich ihr ältester Junge auf den Schulweg gemacht hatte, gingen die übrigen Familienmitglieder zum Marktplatz. Frau Scott und die Kinder saßen an einem Tisch, den sie im Freien auf dem Markt aufgestellt hatten, und dort erzählte sie biblische Geschichten mit Hilfe von Anschauungsmaterial. Die Frauen fühlten sich zu den Kindern hingezogen, die es sehr leicht gefunden haben, die fremde Sprache zu erlernen. Die Männer sammelten sich um Ernest Scott, der mit ihnen über den Erlöser sprach. Ernie war beeindruckt, wie sehr sich die Familie ihrer Missionsarbeit hingab. Obwohl es sehr schwierig war, waren sie optimistisch. Das schwülheiße Wetter und der Lärm, der durch das offene Fenster drang, hielten Ernie bei Nacht wach. Er war erstaunt, wie schmutzig der Markt war, auf dem sie einkauften, und er dachte, daß er sicher stark abnehmen würde, wenn er hier lebte. Doch die Missionare versicherten ihm, daß man sich an alles gewöhnen kann.

Die Wochenenden verbrachte die Familie in einer anderen kleinen Stadt, wo sie versuchten, eine weitere Missionsarbeit in Gang zu setzen. Ernie begleitete sie und lernte dort einen Rechtsanwalt kennen. Sie diskutierten über den Islam, und der Rechtsanwalt mußte zugeben, daß Religionsfreiheit nur theoretisch, aber nicht in der Praxis besteht.

Bald war es Zeit, wieder aufzubrechen, und Ernie kam sehr frühzeitig am Flugplatz an. Während er in der Schlange stand, um sein Gepäck überprüfen zu lassen, begann er ein Gespräch mit einem Araber, der neben ihm stand. Er erzählte ihm von dem Zweck seiner Reise – daß er ehemalige Schüler der Bibelschule besuche, die als Missionare auf den Philippinen arbeiteten. Der Araber erwiderte: »Ich bin ein Lehrer des Koran, vom Persischen Golf.«

»Wie interessant! Ich komme gerade aus Mindanao, und dort wurde eine Frage verhältnismäßig oft gestellt: ›Wer ist größer, Mohammed oder Jesus Christus?‹ Wenn Sie und ich diese Frage erörtern würden, so würden wir wahrscheinlich nach dem urteilen, was sie zustande brachten. Jesus Christus weckte nicht nur Tote auf, er selbst erstand von den Toten!«

Der Araber hatte seine Antwort bereit. Er sagte: »Sie haben die falsche Bibel!«

»Nein, ich habe das von Gott inspirierte Wort«, erwiderte Ernie.

»Wir Mohammedaner beten fünfmal am Tag – viel mehr als ihr!« hielt der Araber ihm entgegen.

»Nein«, sagte Ernie, »die Bibel lehrt mich, daß ich immer beten soll. Gerade jetzt, während wir miteinander sprechen, habe ich gleichzeitig für Sie gebetet.«

Der Araber schwieg erstaunt, und Ernie konnte ihm sein Zeugnis geben, ohne unterbrochen zu werden. Später traten zwei Moslems von den Philippinen an ihn heran.

»Wir hörten Ihr Gespräch auf dem Flugplatz.« (Das war beabsichtigt – Ernie benützt seine durchdringende Stimme, um das Evangelium noch ein bißchen weiter hören zu lassen.) »Es war sehr faszinierend. Wir glauben jedoch an Religionsfreiheit.«

»Ich komme gerade aus einem Gebiet mit 100%iger moslemischer Bevölkerung«, sagte Ernie zu ihnen. »Dort fragte ich einen Rechtsanwalt, was sie tun würden, wenn jemand ein Christ würde – da sie doch behaupten, religiöse Freiheit zu haben. Er sagte mir, sie würden ihn ächten unter der Anklage, daß er sich nur bekehrt habe, weil der Missionar ihn dazu überredete. Deshalb könne man das nicht als einen Fall religiöser Freiheit ansehen. Ihr könnt sagen, ihr habt religiöse Freiheit, aber in Wirklichkeit stimmt das nicht.«

Sie gaben zu, daß Ernie recht hatte, und wieder ergab sich eine Gelegenheit zur Verkündigung.

Der Rückflug nach Deutschland dauerte 14 Stunden. Wenn niemand neben ihm saß, schrieb Ernie seinen Freunden rund um die Welt Worte der Ermutigung. Auf dieser Reise schrieb er schätzungsweise 100 Briefe.

Als er endlich den Zug zur allerletzten Fahrt nach Hause besteigen konnte, war er erschöpft. Die beiden Frauen im Abteil unterhielten sich; er wollte sich nur zurücklehnen und ausruhen. Aber ihr Gespräch war interessant, und er konnte nicht widerstehen, sich einzumischen. Als eine der Damen ausstieg, setzte er mit der anderen sein Gespräch über ewige Dinge fort.

Sie war offen und empfänglich und sagte ihm mit Tränen in den Augen: »Daß ich gerade in diesen Zug steigen und Sie kennenlernen mußte, um zu hören, wonach ich schon seit Jahren verlange!«

Sie beteten zusammen, und sie dankte Ernie immer wieder, daß er sie zu Christus geführt hatte. Es war der passende Abschluß einer langen und mühseligen Reise.

»Ruhestand«

Berge von Arbeit warteten in der Bibelschule auf ihn, und deshalb war er gar nicht sehr erfreut, als man ihn bat, mit einem Vertreter zu sprechen. Jedoch der Auftrag Gottes erhielt den Vorrang, und er ging hin, um den jungen Mann seelsorgerlich zu beraten. Nachdem er ihm das Evangelium verkündet hatte, fragte er ihn: »Haben Sie das schon je vorher gehört?«

»Ja, ich besuchte Kunden in Wuppertal, und eine junge Frau sprach mit mir über die gleichen Dinge wie Sie. Ich habe das nie vergessen. Sie haben einiges wiederholt, was ich genau so von ihr gehört hatte.«

Ernie war sehr froh, daß er sich Zeit genommen hatte, den Samen zu begießen, der schon gesät worden war.

In der Zeit zwischen Weihnachten und Neujahr leiteten er und Erma eine Freizeit in der Schweiz. Gleich darauf holten sie Heather und eine Freundin ab, die von Puerto Rico gekommen waren. Heather war gekommen, um zu helfen, Ernies und Ermas Haushalt aufzulösen.

Schon jahrelang hatten Klassens es sich überlegt, wann sie die Bibelschule verlassen sollten. Nach einer sehr schwierigen Zeit der Unentschlossenheit schien jetzt der richtige Augenblick dafür gekommen. Die Schule hatte in Doyle Klassen eine gute Leitung, und das Werk stand auf gesundem Fundament. Darryl brauchte Hilfe für seine drei Schulkinder, und alle Enkelkinder wuchsen so schnell heran, daß es Ernie und Erma danach verlangte, mehr Zeit mit ihnen zu verbringen. Ernie wünschte sich, auf ihr Leben mehr Einfluß zu nehmen, als es bei seinen Söhnen der Fall gewesen war. Diese waren herangewachsen, während er viel außer Haus gewesen und für die Schule gereist war. Da die Enkelkinder alle in Calgary, Alberta, lebten, zogen die Klassens 1982 dorthin.

Doch ehe sie allzu seßhaft wurden, hatten sie noch einige Verpflichtungen. Im Februar, nachdem sie ihren deutschen Freunden auf Wiedersehen gesagt (und auch schon ihre Rückkehr versprochen und festgelegt hatten), flogen sie nach Puerto Rico zu Heather und Roger, die dort kurzzeitig als Missionare dienten.

Da er nie nur so einfach »auf Besuch« sein wollte, bat Ernie, daß Versammlungen veranstaltet würden.

Der leitende Priester der nahegelegenen Anglikanischen Schule wollte ihm nicht erlauben, den Religionsunterricht in den Klassen durchzuführen, aber die Geographielehrerin ließ ihn nur zu gern in ihrer neunten Klasse über seine Reisen rund um die Welt berichten.

Zuerst aber berichtete Ernie etwas über seine Herkunft und gab sein Zeugnis. Er erklärte, warum er gereist war und erzählte etwas von Südost-Asien, woher er eben gekommen war. Dann wandte sich das Thema dem Christentum zu, doch da läutete die Schulglocke.

»Können Sie nicht noch dableiben?« bettelten die Schüler.

Die Lehrerin war einverstanden und erlaubte ihm, noch eine weitere Unterrichtsstunde zu übernehmen. Diese Zeit war dann ganz geistlichen Themen gewidmet. Am Ende der Schulstunde fragte ihn die Lehrerin, ob er an einem weiteren Tag vorbeikommen könne. Sie kamen überein, daß er zu ihrer zehnten Klasse im Mathematikunterricht sprechen solle.

Er eröffnete den Unterricht: »Die Bibel spricht auch über Mathematik. Laßt mich etwas aus dem Prediger, Kapitel 3, lesen: ›Da ist eine Zeit, geboren zu werden und eine Zeit, zu sterben; eine Zeit, zu weinen und eine

Zeit, zu lachen; eine Zeit, zu lieben und eine Zeit, zu hassen . . .‹

»Das ist eine Zeittafel, und darüber wollen wir reden. Da ist eine Zeit zum Lernen, und es wird eine Zeit sein, wo das Studieren beendet ist. Das einzige aber, was im Leben wirklich wichtig ist, ist die Frage: Wie bereite ich mich auf die Ewigkeit vor? Die Ewigkeit ist der längste Zeitabschnitt und deshalb der wichtigste.«

Wieder konnte Ernie zwei Stunden lang das Evangelium verkünden. An der Wandtafel stellte er den breiten und den schmalen Weg dar. In der Fragezeit meldete sich ein Schüler: »Herr Klassen, wie schmal ist der schmale Weg?«

»Er ist so schmal, daß wir nur eine einzige Informationsquelle haben – die Bibel. Und nur eine Person kann uns auf diesem Weg führen – der Herr Jesus Christus.«

Während seines Aufenthaltes in Puerto Rico besuchte Ernie auch ehemalige Bibelschüler, die auf den Karibischen Inseln arbeiteten. Ein Ehepaar hatte sechzehn Jahre mit Trans World Radio auf Bonaire gearbeitet. Er sprach dort zu den Missionaren und fragte sie: »Wie viele Menschen auf dieser Insel habt ihr für den Herrn gewonnen?«

Die meisten von ihnen waren mit den Radiosendungen so sehr beschäftigt, daß sie vergessen hatten, die Menschen um sich her in nächster Nähe zu erreichen.

Dann fuhr er zu drei Absolventen, um ihr Wirken auf Haiti zu erleben. Die Zollbeamtin ließ ihn seinen Koffer öffnen. Seine Bibel lag obenauf. Sie drückte ihr Erstaunen darüber aus, und er fragte:

»Haben Sie je die Bibel gelesen?«

»Ja!«

»Wann haben Sie zuletzt darin gelesen?«

»Heute morgen.«

»Und was haben Sie gelesen?«

»Ich las aus Matthäus.« Er war begeistert, jemand zu treffen, der dasselbe Buch liebte wie er.

*

Nach ihrem Besuch in Puerto Rico hatten Ernie und Erma einen Monat Aufenthalt in den D & D-Häusern für Missionare in Florida geplant. Sie brauchten Zeit, zu überlegen, welche Richtung sie in ihrem neuen Lebensabschnitt einschlagen sollten. Erma genoß die Ruhe, aber Ernie war begierig, in den Dienst zurückzukehren.

Endlich kam ihr Auto im Hafen von New York an. Sie reisten nach Norden, holten den Wagen ab und fuhren damit westwärts. Das Auto hatte noch seine deutschen Nummernschilder. Ernie war nicht überrascht, daß ihnen in Ohio ein Sheriff folgte und sie am Straßenrand anhalten ließ. Er entschuldigte sich und fragte:

»Hoffentlich macht es Ihnen nichts aus, daß ich Sie angehalten habe. Aber ich bin neugierig zu erfahren, wo Sie herkommen.«

»Das ist o.k.«, sagte Ernie. »Ich will es Ihnen gern sagen. Wir wandern gerade wieder nach Kanada ein und kommen aus Deutschland, wo wir 27 Jahre lang gearbeitet haben. – Vielleicht hilft Ihnen Ihre Neugier auch an jenem Tag, wenn wir vor Gott stehen.« Ernie erzählte dann dem Sheriff die folgende Geschichte:

»Eines Tages fuhr ich in einem der Nordstaaten innerhalb der Geschwindigkeitsbegrenzung. (Er sagte das, weil es in Deutschland keine Geschwindigkeitsbegrenzung auf den Schnellstraßen gibt und es dann immer

Mühe kostet, sich in den USA an die Begrenzung von 55 Meilen pro Stunde zu halten.) Ich sah einen Polizeiwagen auf der Gegenfahrbahn näherkommen. Im Spiegel sah ich dann, wie er über den Mittelstreifen fuhr, und kurz darauf zwang er mich zum Anhalten. Ich zeigte dem Polizisten meinen deutschen Führerschein, der 1955 ausgestellt worden war und auf Lebenszeit gültig ist. Er fragte nach weiteren Ausweispapieren, und ich zeigte ihm meinen kanadischen Paß. Ich fuhr einen Wagen mit amerikanischem Nummernschild. Etwas verwirrt fragte er: ›Macht es Ihnen etwas aus, sich zu mir ins Auto zu setzen? Ich möchte Ihnen einige Fragen stellen.‹

Nach weiteren Erklärungen fragte ich ihn geradeheraus: ›Warum haben Sie mich angehalten?‹

›Als ich Sie kommen sah, hatte ich eine Ahnung, daß ich mit Ihnen sprechen sollte.‹

›Ich habe nicht gewußt, daß ich wie ein Verbrecher ausschaue. Aber ich habe eine Ahnung. Ich weiß, woher Ihr Interesse gekommen ist.‹

›Wirklich?‹

›Ja, ich glaube, Ihr Interesse kam von Gott, denn er will, daß ich Sie frage, ob Ihre Papiere in Ordnung sind für den Tag, an dem Sie vor ihm stehen werden. Wie Sie meine Papiere überprüft haben, wird Gott eines Tages Ihre Papiere überprüfen.‹

Während der nächsten halben Stunde erzählte ich ihm in dem Wagen, auf dessen Dach noch das Blaulicht blinkte, was es bedeutet, Christ zu werden und wie man ein Christenleben führt.«

Der Sheriff in Ohio hörte aufmerksam zu, daher fügte Ernie noch hinzu: »Ich glaube, wir haben uns heute getroffen, weil Gott einen Zweck damit verfolgt.«

Er klopfte Ernie auf die Schulter und dankte ihm.

»Vielleicht werden wir aufgrund dessen, was Sie mir

gesagt haben, und aufgrund Ihrer Gebete, uns eines Tages im Himmel treffen.«

*

Klassens bekamen eine möblierte Wohnung in Calgary leihweise zur Verfügung gestellt, aber sie stand zum Verkauf, und allmählich wurde die Einrichtung weggebracht oder verkauft. Bald war es klar, daß sie umziehen mußten. Sie waren erleichtert, daß sie für einen Hausbesitzer, der den Winter über nach Florida gegangen war, das Haus hüten durften.

Diese Weihnachten war die Familie beisammen, mit Ausnahme von Paul, der sich in Montreal aufhielt. Der Tag war sehr ausgefüllt – erst versammelten sie sich, hörten die Weihnachtsgeschichte und öffneten Geschenkpäckchen. Dann gab es einen gebratenen Truthahn zum Mittagessen und selbstgebackene Kuchen, die großzügig mit Schlagsahne von Onkel Marcs Farm gekrönt waren. Am Nachmittag ging jeder – außer Erma – zum Schlittschuhlaufen. Sogar Ernie wagte sich auf das Eis, nachdem er 35 Jahre lang nicht mehr Schlittschuh gelaufen war. Als die Schlittschuhläufer heimkehrten, erwartete sie von Erma zubereitete heiße Schokolade und die Truthahnreste. Der Tag endete mit einem fröhlichen Singen. Ernie dirigierte, während verschiedene Familienmitglieder Gitarre spielten.

Es war eine fröhliche Woche, und Ernie dachte daran, daß der Herr »die Jahre, welche die Heuschrecken verzehrt hatten«, ersetzen konnte (Joel 2, 25). Nachdem er so lange seine Zeit dem Dienst gewidmet hatte, wollte Ernie nun der Familie seine beste Zeit zukommen lassen – und dies war ein guter Anfang. Darryl hatte seine Hingabe an den Herrn erneuert und wuchs im Herrn.

Der Hauseigentümer kehrte früher als erwartet zurück, und es war wieder einmal Zeit, umzuziehen. Wieder stand ein Haus zur Verfügung, das betreut werden sollte. Die Eigentümerin verbrachte ihren Winter in Mexico, wo sie den Wycliff-Bibelübersetzern half. Sie war dankbar, daß Erma und Ernie einzogen.

Roger und Heather waren nach Weihnachten nach Chicago zurückgekehrt und hielten Ausschau nach einer neuen Anstellung. Ernie erfuhr von einem kurzfristigen Bedarf in dem Wycliff-Büro in Calgary, wo ein Mann mit Rogers Fähigkeiten gesucht wurde, und er rief an. »Warum kommt ihr nicht hierher, um bei Wycliff zu helfen und solange bei uns zu wohnen?« bot er an. So war für zwei Monate die Familie wieder vereint.

Als in diesem Frühjahr die Hausbesitzerin heimkehrte, beschlossen Ernie und Erma, sich eine dauerhafte Unterkunft zu suchen. Sie mieteten eine Wohnung.

Bald darauf reiste Ernie nach Südamerika ab. Das war der einzige Kontinent, den er noch nie besucht hatte, und er war begierig, seine Arbeit zu vollenden. Erma blieb lieber in der Nähe ihrer Enkelkinder.

Zu guter Letzt: Südamerika

Auf dem Weg in den Süden flog er über Puerto Rico. Neben ihm saß ein Universitätsprofessor, der an geistlichen Fragen nicht interessiert war. Ernie schockierte ihn durch folgende Bemerkung:

»Tief ihn Ihrem Herzen sagt Ihnen eine Stimme, daß Sie sich für dies höchst wichtige Thema Zeit nehmen sollten.«

Überrascht gab er zu:

»Das ist wahr!«

Nach verschiedenen Versammlungen in Puerto Rico flog Ernie nach Moneria in Kolumbien, wo die Bibelschulabsolventin Mareike Schöttelndreyer siebzehn Jahre lang an einer sehr schwierigen indianischen Sprache gearbeitet hatte. Sie war außer sich vor Freude, ihn zu sehen.

Er legte kurze Aufenthalte in Quito, Ecuador, und in Lima, Peru, ein. Als der Direktor der Bibelschule in Wunacho fragte, ob Ernie wiederkommen würde, antwortete er: »Gerne, wenn Sie mir eine Flugkarte schicken.«

Er war besorgt darüber, daß immer erwartet wurde, aus Nordamerika solle Geld hereinkommen, und wünschte sich, die Christen dort würden erkennen, daß Gott ihre Bedürfnisse ebensogut wie die an anderen Orten der Erde befriedigen könne.

Sein Besuch in Tamuco, Chile, war recht erlebnisreich. Als er in Santiago ankam, erfuhr er, daß es keine Flüge nach Tamuco gab. Der beste Weg war, nach Conception zu fliegen und von dort einen Bus zu nehmen. Er kam um 2 Uhr nachts in Tamuco auf einem kalten, nassen Bus-Bahnhof an, und niemand verstand

Englisch. Als er schließlich ganz allein dastand, nahm er seine Koffer und ging zu einem Taxi. Das einzige Wort, das der Taxifahrer verstand, war »Hotel«. Ernie wurde bei einem ziemlich modernen Hotel abgesetzt. Es hatte sogar eine Dusche. Am nächsten Morgen wußte er immer noch nicht, was er tun sollte, besonders weil das Mädchen, das er besuchen wollte, kein Telefon hatte. Er blätterte im Telefonbuch und sah die Worte »Ecclesia Alemagne«. Er wußte, daß dies »Deutsche Kirche« bedeutet und rief dort an.

Ein Mann namens Kaiser meldete sich auf deutsch.

»Sind Sie Ernie Klassen?«

»Ja.«

»Ich kenne Sie. Ich besuchte eine Schule in der Schweiz und hörte Sie sprechen. Ich komme gleich und hole Sie ab.«

Freundlicherweise fuhr er Ernie zu der Station, wo die ehemalige Bibelschülerin arbeitete. Ernie besuchte sie kurz, sprach in ihrer Kirche und kehrte dann nach Santiago zurück, um Anschluß nach Buenos Aires zu bekommen.

Im Bus saß er neben einem römisch-katholischen Mann. Als der Schaffner den Fahrpreis forderte, sagte der Katholik: »Ich will Ihnen diese Fahrt bezahlen.« Und so geschah es.

Ernie benützte dieses anschauliche Beispiel, um zu erklären: »Geradeso, wie Sie für meine Fahrt bezahlt haben, bezahlte Jesus für Ihre Sünden. Sie wären beleidigt gewesen, wenn ich gesagt hätte: Ich möchte lieber selber zahlen. – Genauso möchte auch Jesus nicht, daß wir seine Bezahlung zurückweisen.«

*

In Buenos Aires wurde er von zwei ehemaligen Schülern abgeholt, die ihn nach Basillabaso brachten. Nachdem er hier einen Gottesdienst gehalten hatte, eilte er zum Flugplatz, um ein kleines Flugzeug nach Buenos Aires zu erreichen. Da er zu früh hinkam, schloß er Bekanntschaft mit dem Mann, der für den Luftfahrt-Kontrollturm verantwortlich war. Ernie sprach mit ihm über Christus und fragte dann, ob er ein Neues Testament habe.

»Ja, gewiß.« Er lief und holte ein Gideon-Testament in spanischer Sprache. Ernie drängte ihn, seinen Namen einzutragen an der Stelle, die im hinteren Buchdeckel vorgesehen ist für die, welche Jesus annehmen, um ihre Entscheidung zu dokumentieren.

»Nein«, sagte er, »das kann ich nicht.«

»Warum nicht? Sie scheinen das doch verstanden zu haben und zu einer Entscheidung bereit zu sein?«

»Nun«, sagte der andere, »dies Testament gehört mir nicht – es gehört uns allen vieren, die wir hier im Kontrollturm arbeiten. So wäre das nicht recht von mir, wenn ich hineinschreiben würde.«

Da er selbst zu den »Gideons« gehört, war Ernie sehr befriedigt zu hören, welch guten Zweck das Testament erfüllte.

*

Nach einem Stop in Paraguay ging es weiter nach Sao Paulo in Brasilien. In jeder Stadt besuchte er ehemalige Bibelschüler. Als nächstes war er in Campo Grande, wo ein Ehemaliger und andere Missionare zu einer Konferenz versammelt waren. Einige weitere frühere Bibelschüler waren im Dschungel, und der Absolvent Reinhardt Rathlef bot Ernie an, ihn dorthin zu bringen. Es war Regenzeit, und ein Abenteuer erwartete sie.

Am ersten Tag gelangten sie bis Douradas. Ernie ging um 19.30 Uhr schon zu Bett, denn das Licht war zu schwach, um noch lesen zu können, und das Bett war der einzige warme Ort! Der Raum hatte drei Betten, aber glücklicherweise war Ernie der einzige Bewohner, so konnte er die Decken von den übrigen Betten mitbenützen. Einschließlich Frühstück betrug seine Rechnung am andern Tag 2,50 Dollar. Sie wußten, daß große Teile der Strecke, die vor ihnen lag, sehr schwierig waren, und sie hatten ganz gezielt gebetet: »Herr, gib uns einen trockenen Tag!«

Das geschah. Der Wind blies, die Sonne schien, die Oberfläche trocknete ein wenig. Aber die Fahrtrinnen waren so tief, daß der Toyota trotz Vierrad-Antrieb oft steckenblieb. Einmal war ein Traktor in der Nähe, der sie herauszog. Als sie an einen Platz kamen, wo die Brücke weggeschwemmt worden war, waren Bulldozer schon an der Arbeit, sie wieder festzumachen, und ein Bulldozerfahrer erbot sich, für sie einen Weg zu bahnen. Sie schafften es, auf diesen furchtbaren Straßen in Fahrt zu bleiben, bis sie an einem kleinen Krämerladen anhielten, um nach dem Zustand der vor ihnen liegenden Strecke zu fragen.

»Unmöglich. Nicht einmal eine Schildkröte mit Schneeketten könnte da durchkommen.« Das klang recht aussichtslos.

Aber der Ladeninhaber fügte hinzu: »Der Polizeichef ist gerade vorausgefahren, und er befahl zwei großen Straßen-Planierraupen ihm zu folgen, damit sie ihn herausziehen könnten, wenn er steckenbleibt.«

Sie dachten, wenn der Polizeichef vor ihnen war und die Planiermaschinen ihm folgten, dann könnten sie es vielleicht auch schaffen. Bald kamen sie an eine sehr schlimme Stelle – und da saß auch der Polizeichef fest, in seinem Jeep mit Vierradantrieb! Die Missionare versuchten, auf einer anderen Fahrspur an ihm vorbeizukommen, aber sie gelangten nicht einmal so weit wie er! Sie mußten die Nacht im Toyota verbringen. Es war sehr kalt. Da sie eine Sendung gebrauchter Kleidung aus Deutschland dabei hatten, regte Ernie an, in den Schachteln nach warmen Sachen zu suchen. Sie wickelten sich in alles, was sie finden konnten, und machten sich für die Nacht bereit. Um 23.30 Uhr kamen die Planierraupen und zogen den Polizeichef ohne Schwierigkeiten heraus. Aber sie zögerten, den Toyota herauszuziehen, denn er stand ein wenig abseits der Straße, und sie dachten, ihre Ketten seien nicht lang genug. Inzwischen blieb auch eine der Planiermaschinen hoffnungslos stecken, und die zweite konnte sie nicht abschleppen.

Endlich um 2.30 Uhr nachts überredeten die Missionare den einen Planierraupen-Fahrer, es wenigstens zu versuchen, sie herauszuziehen. Indem er mehrere Ketten zusammenband, gelang es ihm. Eine kleine Strecke weiter fanden sie wieder den Polizeichef. Das Benzin war ihm ausgegangen. Sie erboten sich, ihn mitzuschleppen, aber der Toyota machte Fehlstarts und blieb schließlich stehen. In die Diesel-Treibstoffleitung war Schmutz geraten. Nachdem sie diese gereinigt hatten, versagte die Einspritzung. Endlich kam die Planierraupe und schleppte den Polizeichef zur nächsten Stadt ab. Dann kam sie freundlicherweise zurück und schleppte auch den Toyota in die Stadt ab, wo sie den Rest der Nacht verbrachten. Ernie schlief im Toyota, und die andern beiden gingen zum Haus eines Freundes. Am nächsten Tag kamen sie endlich in der Urwaldstation an.

Die vier ehemaligen Bibelschüler auf dieser Station

tun einen guten Dienst unter den Indianern. Als Ernie in der Gemeinde sprach, die sie gegründet hatten, war es so kalt, daß er unter mehreren Schichten von Kleidung noch seinen Schlafanzug trug. Aber er sah kleine Indianerkinder umherlaufen, die nur mit einem Hemd bekleidet waren. Deshalb sind Erkältungen und Lungenentzündungen unter ihnen weit verbreitet. Auch in den Häusern war es nicht warm, doch hatten sie genug Decken für die Nacht, um sich warm zu halten.

Am Sonntag wollten sie versuchen, wieder wegzufahren. Da sie mit ziemlicher Sicherheit wieder steckenbleiben würden, quetschten sie sich zu siebt in den Toyota hinein, damit sie jemand dabei hatten, der schieben helfen konnte. Mit Ketten um die Reifen und einigem Ziehen und Schieben kamen sie in die Stadt, wo Ernie einen Bus erreichte, der um 5.30 Uhr am nächsten Morgen abfuhr. Er sollte tags darauf in einer Bibelschule sprechen. Sie kamen um 11 Uhr vormittags in der Stadt an, und der Fahrer rief den Namen der Stadt aus. Jeder – mit Ausnahme einer Person – stieg aus, so dachte Ernie, er müsse hier auch aussteigen. Er erkannte nicht, daß er erst im Außenbezirk der Stadt war, und daß die Endhaltestelle zwei Stationen weiter war.

Niemand holte ihn dort ab und niemand sprach Englisch oder Deutsch. Nach vielen Versuchen, zu erklären wohin er wollte, winkte ihm endlich einer, ihm zu folgen. Er brachte ihn zur Universität, wo sie dann eine Dame fanden, die Englisch sprach. Sie sagte ihm, daß das Heim für Missionare gleich um die Ecke lag. Es war zwar das Heim eines amerikanischen Missionars, aber dieser wußte wer Ernie war und wohin er wollte und brachte ihn dorthin.

Am Mittwoch kehrte Ernie nach Campo Grande zurück, um dort zu sprechen, und am Freitag darauf reiste er nach Bolivien weiter. Er mußte ein Flugzeug nach Porto Velho im Nordosten Brasiliens finden und dort den Fluß überqueren, um nach Bolivien einzureisen. Alles ging gut, bis ihm jemand sagte, er müsse beim nächsten Halt aussteigen. Er verließ das Flugzeug und ging in den Flughafen, um jemanden zu finden, der ihm weiterhelfen konnte. Endlich ließ sich jemand von ihm sein Flugticket zeigen. Kaum hatten sie einen Blick darauf geworfen, rasten sie mit Ernie zum Flugzeug, das noch dort stand und wo man gerade die Passagierliste überprüfte und sich wunderte, wo der Fremde denn geblieben sei. Der Rest der Reise verlief glatt, und ein ehemaliger Bibelschüler holte ihn ab. Er verbrachte dort einige angenehme Tage.

Ernie konnte auf dieser Station viele Dienste erweisen. Er sprach auch vor Bibelschullehrern und Pastoren und hielt einen Jugendgottesdienst ab.

Für Montag hatte er einen Mittagsflug nach Porto Velho gebucht, und von dort sollte es nach Belem weitergehen. Als sie zum Flughafen kamen, stand da kein Flugzeug. Der Flughafen hatte kein Telefon, keinen Strom und keine Wasserleitung. So warteten sie eine Weile, dann beschlossen sie, die sieben Meilen zur Stadt zurückzukehren und dort zu Mittag zu essen. Als sie am Nachmittag zum Flugplatz zurückkamen, war dort immer noch kein Flugzeug zu sehen. Wieder eilten sie in die Stadt zurück, um vielleicht dort irgendeine Information zu bekommen. Unterwegs trafen sie auf Leute vom Militär und fragten diese, ob sie nach Porto Velho fliegen würden.

»Ja.« –

Hätten sie vielleicht auch Platz für einen Passagier?

»Ja.«

So fuhren sie zum drittenmal zum Flugplatz. Ernie

händigte ihnen sein Gepäck aus und wollte gerade einsteigen, als sie riefen: »Nein, nein, nein, kein Platz!«

Sie nahmen seine Koffer wieder aus dem Flugzeug. Wieder zurück in der Stadt, gingen sie zum Telefon und fragten, ob es irgendeine Information gebe.

»Ja«, hieß es, »das Flugzeug ist schon unterwegs und wird gleich eintreffen.

Endlich kam das Flugzeug wirklich, und Ernie gelangte noch am selben Tag nach Porto Velho.

Man hatte ihm von einem schwarzen christlichen Taxifahrer gesagt, der Johnson hieß. So trat er an den ersten schwarzen Taxifahrer heran und fragte:

»Sind Sie Johnson?«

»Ja.«

»Sind Sie ein Christ?« Ernie wollte sicher gehen.

»Ja«, antwortete er zum zweitenmal.

»Können Sie mich zu einem Hotel der mittleren Preisklasse bringen?«

»Gewiß!«

Unterwegs begannen sie zu plaudern. Er war aus Barbados und sprach deshalb Englisch. Johnson wollte, daß Ernie seinen amerikanischen Pastor kennenlerne, und dieser wiederum bat Ernie, vor einer Gruppe Pastoren zu sprechen, die sich am nächsten Morgen zu einem Gebetstreffen versammelten. Ernie verbrachte dann die Nacht in Johnsons Heim. Sie genossen ein schönes Beisammensein, und tags darauf, nach dem Gebetstreffen, nahm Johnson Ernie mit zu einer brasilianischen Familie zum Essen. Von dort ging es zurück zum Flughafen.

Das Flugzeug nahm das Gepäck an Bord, startete aber nicht. Endlich, um 6 Uhr abends, erklärte der Flugkapitän, daß seine Mannschaft für einen Nachtflug zu müde sei. Jedermann wurde im Hotel untergebracht und bekam Abendessen und Frühstück.

Am nächsten Morgen wurde erneut eingeladen, und sie flogen nach Manaos. Ernie legte auch kurze Zwischenaufenthalte in Rio de Janeiro und Porto Alegre ein, wo er Besuche machte.

In Panambi leitete er einen Gottesdienst mit 50 bis 60 älteren Leuten und begann seine Predigt folgendermaßen: »Was sollte ich euch anderes sagen, als was ich Achtzehnjährigen sagen würde? Vielleicht muß ich zu euch langsamer und lauter sprechen, aber vom Inhalt her ändert sich nichts. Solange wir hier auf Erden sind, haben wir eine Aufgabe. Gott hat nicht gesagt: ›Gehet in alle Welt – bis ihr 25 oder bis ihr 35 Jahre alt seid . . .‹ Er hat keine Altersgrenze gesetzt. Ich möchte euch daran erinnern, daß ihr jemand ermutigen oder jemandem helfen könnt, solange ihr lebt.«

Am Donnerstag war er in Sao Paulo und verbrachte dort seine letzte Nacht in Südamerika. Darauf begierig, heimzukommen, flog er nach Miami und von dort nach Chicago. Zwei Tage später flog er heim nach Calgary, Alberta. Die Reise durch Südamerika hatte fast zehn Wochen gedauert, und er war erschöpft. Es war wunderbar, die Koffer auszupacken und sie im hintersten Winkel der Wohnung abzustellen. Er hatte seine Verpflichtungen erfüllt und freute sich nun auf die Zukunft und auf den neuen Dienst, den sie ihm bringen würde.

Nachwort

Sich neu niederzulassen hieß, einige Möbel zu ersetzen, die in Deutschland zurückgeblieben waren. Ernie liebt es, Verkaufsangeboten nachzugehen, und so begann er an Hand der Zeitung Umschau zu halten. Auf diese Weise lernte er Ron kennen, einen jungen alleinstehenden Norweger, der im Begriff war, nach Übersee zu gehen. Er hatte zahlreiche Sachen zu verkaufen.

Ernie lud Ron zu sich nach Hause zum Essen ein und verkündigte ihm das Evangelium. Ron fand es interessant, war aber nicht bereit, eine Entscheidung zu treffen. Er ging jedoch mit der Familie zur Kirche. Ernie lud ihn noch einmal zum Essen ein, was er dankbar annahm. Bei seinem dritten Besuch war Ron bereit, den Herrn anzunehmen. Er fuhr als eine »neue Schöpfung« nach Afrika, um dort zu arbeiten.

Ernies wichtigste Arbeit in seinem »Ruhestand« ist es, Menschen zu Christus zu führen. Im Januar 1983 ließ er 30 000 »Jesus«-Karten drucken, um sie zu verteilen. Auf einer Seite der Karte ist der Name Jesus verborgen zwischen Linien und Quadraten, auf der andern Seite verkünden Bibelverse das Evangelium. Er gebraucht diese Karten, um Anknüpfungspunkte für seine Verkündigung zu schaffen.

Um mit den Menschen in Kontakt zu kommen, geht er zum Einkaufszentrum. Eines Tages trat er an eine Dame heran, die Lotterie-Lose verkaufte, und zeigte ihr eine solche Karte.

»Ich habe das Gewinn-Los. Wenn sie entziffern können, was hier gedruckt steht, und wenn Sie die rechte Beziehung zu dieser Person haben, garantiere ich Ihnen ein Heim im Himmel. Ist das nicht eine Glückskarte?«

Ein andermal war er im Freien, um an einem schönen Tag sein Auto zu putzen. Ein Vorübergehender bemerkte:

»Ist das nicht ein herrlicher Tag?«

»Ja!« stimmte Ernie zu.

Der nächste machte dieselbe Bemerkung, und Ernie antwortete wieder mit »Ja«. Nachdem das auch ein drittes Mal so ablief, fiel es Ernie ein, daß er vielleicht etwas für die Ewigkeit Bedeutsameres sagen solle als »Ja«. So dachte er sich etwas aus, was er der nächsten Person sagen wollte:

»Ja. Aber es wäre ein noch schönerer Tag, wenn Sie den kennen würden, der ihn gemacht hat, den Herrn Jesus Christus.«

Der vierte, der vorüberkam, sagte wieder:

»Ist das nicht ein herrlicher Tag?«

»Ja«, war alles, was Ernie sagen konnte. Ärgerlich über sich selbst, bat er den Herrn, ihm noch eine weitere Gelegenheit zu geben, für ihn zu sprechen.

Diesmal kam eine Frau vorbei, und als sie ihre Bemerkung machte, war Ernie bereit. Sein kurzes Zeugnis brachte sie dazu, stehen zu bleiben, so daß er ausführlicher über Christus sprechen konnte.

Er war gebeten worden, nach Deutschland zurückzukehren, um bei den Sommer-Freizeiten zu helfen. Während seines Aufenthaltes dort war er darauf angewiesen, daß Freunde ihn fuhren, weil er kein eigenes Auto mitgebracht hatte. Als sie einmal auf der Fahrt zu einem Gottesdienst waren, sprachen sie miteinander über die hohen Benzinkosten. Der Deutsche sagte, es sei gut, daß das Benzin so teuer sei, weil dadurch das Verkehrstempo verlangsamt würde. Ernie schaute zum Tachometer – er zeigte 180 Stundenkilometer! Er stimmte zu, daß auch er sehr dankbar für den hohen Benzinpreis sei . . .

Er dachte, wenn der Apostel Paulus damals schon einen solch schnellen Fahrer gehabt hätte, hätte er die ganze Welt zehnmal evangelisieren können!

Ob er in Europa, Nordamerika oder sonst irgendwo ist, immer arbeitet Ernie für den Herrn und vertraut ihm, daß er für alle seine Bedürfnisse sorgen wird. Er hat nicht zum Herrn gesagt, daß er nur bis zum 65. Lebensjahr arbeiten wolle – und der Herr hat ihm auch noch nicht gesagt, daß er aufhören solle. Bis jetzt ist er beschäftigt – meist mit Verkündigung von Mensch zu Mensch. Sein alles bestimmendes Lebensziel bleibt unverändert – so viele Menschen wie möglich in den Himmel mitzunehmen.

Lieferbare TELOS-Taschenbücher

102 Anny Wienbruch
Ein Sommer mit Jakob
105 Johanna Dobschiner
Zum Leben erwählt
106 Wilder Smith
Herkunft und Zukunft . . .
107 Allan Sloane
Time to run
108 Rolf Scheffbuch
Jesus nach denken
109 Karl Backfisch
Christus i. e. atheist. Welt
115 Stückelberger/Rossier
Was sagt u. Gott durch . . .
116 Watchman Nee
Der Gebetsdienst
118 Aimě Bonifas
Das Evangel. f. Spanien
122 G. C. Willis
Er aber war aussätzig
138 Anton Schulte
Leben ist Freude
149 Arno Pagel
Ludwig Hofacker
150 Rohrbach
Anfechtung und ihre . . .
153 Traugott Thoma
Gottlieb Weiland . . .
159 Hugh Steven
Manuel
163 Richard Kriese
Dein Leid ist nicht sinnlos
164 Schäfer, D.
Vom segnenden Leid
167 Elli Kühne
Gott ruft Menschen
169 Karl Kalmbach
Ein Urwalddorf
170 Michael Griffiths
Alles oder nichts
175 Paul Senf
Handaufleg. u. Heilung
177 Bruno Neumann
Die Zahl 666
178 Elisabeth Schopff
Er ist's, der dir Kräfte gibt
185 Heinrich Giesen
Sei fünf Minuten still
188 John Stott
Die Autorität der Bibel
189 Alfred Gajan
Und einer geht mit mir
190 A. E. Wilder Smith
D. Erschaffung d. Lebens
191 Eva v. Tiele-Winckler
Kleine Strahlen von der Lebenssonne
193 Oswald Smith
Glühende Retterliebe
195 Ernst Trachsel-Pauli
Geistliche Musik
199 Hildegard Krug
Mit Jesus durchs Leben
201 Wilhelm Steinhilber
Der feuerspeiende Berg
210 James Rathlef
Ein Mann mit nur einem Gedanken
217 Siegfried Schlieter
Absprung ins Morgengrauen
219 Michael Green
Die Freiheit wählen
220 Horst Zentgraf
So kann es anders werden
222 Erich Schnepel
Jesus im frühen Mittelalter
227 Wilhelm Busch
Mit Gott auf Du
230 Eva v. Tiele-Winckler
Briefe zum Lobe Gottes
231 Alfred Zeller
Samuel Zeller
232 Joshua Daniel
John Wesley und die Erweckung in England
234 Roby Maharaj
Der Tod eines Guru
240 Daniel Schäfer
Auf dem Friedhof . . .
242 Eugenia Price
Mut zum Nachdenken
246 Bakht Singh
Das Geheimnis einer erlebten Erweckung
248 L. A. T. Van Dooren
Das Leben, das ich jetzt lebe
249 Renate K. Luther
Goldene Kindertage
255 Stuart Harverson
Als Arzt im Orient
256 Hildegard Bleick
Heiliger Widerstand
257 M. R. De Haan
Sinnvolles Leid
260 Don Richardson
Friedens-Kind
262 Claire-Lise de Benoit
Schritt für Schritt mit Jesus
267 Oswald Sanders
Wie gewinne ich Menschen für Christus
270 A. E. Stückelberger
Mutiges Älterwerden
275 John White
Der Preis der Nachfolge
278 Herta-Maria Dannenberg
Er riß mich aus der Tiefe
280 Werner Schilling
Heiliges Abendmahl oder Feierabendmahl
281 Fritz Schmidt-König
Es wird nicht . . .
283 Jakob Hitz
Kennzeichen echter und unechter Geistesgaben
284 Helmut Haffner
Komet in Schwedens Nacht
285 John Benton
Weggelaufen
286 Emil Ernst Ronner
Krone des Lebens
287 Horst Zentgraf
Einer versteht dich
289 Marie Hüsing
Tropfen aus dem Strom
293 Eva-Johanna Hajak
Geborgene Zuversicht
299 Daniel Schäfer
Der Höhenweg der Liebe
300 Ney Bailey
Glaube ist kein Gefühl
302 Lotte Bormuth
Ich staune über Gottes Führung
304 Jörg Erb
Martin Luther
305 Samuel Zeller
Trost unter dem Wort
308 Gerhard Nehls
Christen antworten Moslems
310 Oskar Frei
Dem größten König eigen
311 Margarethe Schneider
Der Prediger v. Buchenwald
312 Ralf Shallis
Kurswechsel – Das Leben beginnt
314 Hermann Gschwandtner
Die Welt verändern
316 De Haan-Bosch
Brot zum Leben
319 Thomas Busch
Religionen, Kirchen, Weltanschauungen
320 Ayako Miura
Shiokari-Paß
321 Horst Zentgraf
Du bist nicht allein
322 Alfred Günther
Treppauf, treppab im Krankenhaus
323 Ernst Modersohn
Dein eigen bis in den Tod
324 Hans Casal
Der Weg zum wahren Glück
325 Volkhard Scheunemann
Fremdes Feuer auf Gottes Altären
326 Lotte Bormuth
Gott kommt mir immer entgegen
327 Jerry Bridges
Lebensstil: Heiligung
328 Kurt Oskar Buchner
Luther flieht
329 Fritz Schmidt-König
Käthe Luther
331 Bernd Schlottoff
Das Leben hat begonnen
332 John Withe
Ein Christ hat zwei Familien
334 Emil Ernst Ronner
Der Mann mit der Laterne
335 Vera Pierott
Anthroposophie
338 H.-M. Dannenberg
O Afrika . . .

Ein weiteres Buch von Ernest Klassen:

Ernest Klassen
Man trifft sich nie von ungefähr
Onkel Ernies Erlebnisse
Edition C-Taschenbuch 55087
88 Seiten

»Gott will keine Massenmenschen«, lautet eine bekannte Weisheit, »er schafft sich nur Originale«. Vor uns steht in diesem Buch ein solches Original besonderer Prägung: Onkel Ernie, Mennonit aus Kanada, Jahrgang 1917, und über zweieinhalb Jahrzehnte Lehrer und Geschäftsführer an einer Bibelschule, die sich während dieser Zeit ganz nebenbei zur größten ihrer Art in Deutschland entwickelte. Onkel Ernie ist durch den ständigen Umgang mit jungen Menschen im Schulbetrieb selbst jung geblieben. Und wo er hinkommt, kann es plötzlich passieren, daß er auf unkonventionelle, vor allem phantasiereiche Art ein kraftvolles Zeugnis seines Glaubens in den Raum stellt.

Schlichtheit, Geradheit und geistliche Vollmacht haben diesen Mann stets befähigt, anderen Menschen in den »unmöglichsten« Situationen mit den »unmöglichsten« Methoden die frohe Botschaft von Jesus Christus zu sagen, andererseits aber auch zur bibelgegründeten Schulung und Prägung Hunderter junger Männer und Frauen beizutragen.

Das ist schon manchem Christen klargeworden, daß man sich letztlich nie von ungefähr trifft. Dies fällt ganz besonders dem auf, der mit Onkel Ernie zusammengetroffen ist. Nachahmen kann man diesen Mann nicht – wohl aber viel von ihm und seinem ungezwungenen Zeugnis lernen.